ビビりの起業法

中村裕昭

bibiri no kigyoho

SOGO HOREI PUBLISHING CO., LTD

まえがき

ポンコツでもウハウハになれた

変なタイトルの本を手に取ってくださって、ありがとうございます。みなさん、ビビりなんですね。怖がりなんですね。小心者なんですね。

でも、大丈夫。商売をする上で、ビビりであるということは悪いことではありません。むしろ、失敗しない商売のためには「ビビりの精神」が必要不可欠です。いや、最強の武器と言っても過言ではありません。

起業に「イチかバチか」のイメージを持つ人もいると思います。借金して商売を始めて、もし売れなければそこで終わり。後は借金まみれの人生。下手したら自己破産……。

確かに、世の中にはそういう人もいます。でもそれは、たどるべき順番をたどっていないからです。

詳しくは本文でお話ししていきますが、この本でお伝えする「ビビりの商売」では、「勝つか負けるか」の勝負はしません。あらゆる選択肢をちっちゃくちっちゃく試していって、どこかでダメならすぐに引きます。それで別の選択肢を試して、うまくいけばそちらに進んでいきます。そうすれば失敗はありません。一つずつ進んでいけば、商売は恐いものではなくなります。それを一足飛びに行こうとするから、失敗するんです。

これまでに、商売の経験がなくても大丈夫です。ビビりの商売では「自分の考え」を徹底的に排除していきます。事実だけを基準に判断していくので、誰がやっても同じ結果が出ます。

「自分には人に売るようなものはない」と思う人がいるかもしれませんが、それも大丈夫です。売るモノやサービスを問わないやり方をお話ししていきます。わかりやすいように商品としてのモノを売ることを想定してお伝えしていきますが、どんな商売でも、ノウハウは同じです。

もちろん取らなければいけないリスクはあります。お金も時間も、使わなければ稼ぐことはできません。でもそのリスクは最小限にすることができます。みなさん、なるべくリスクは取りたくないですよね。でもお金は稼ぎたいですよね。だったら、この本を読み進めてみてください。

さて、こんなことをお話ししている僕はどんなヤツなのか。序章でお話ししていきますが、ひと言で言うと、いろいろなビジネスをしています。その一つひとつは大きく世の中の注目を集めるようなものではありませんが、順調に結果を出すことができています。昔は忙しい毎日でしたが、最近は時間に追われることもなくなりました。お金にも、時間にも縛られないライフスタイルを実現しています。

でも、もともとはポンコツでした。高卒から和食の職人になろうとして、辞めて、お店を出して、廃業して、借金して、就職して、また辞めて、副業で稼いで、それもパアになりました。借金は最大で1000万円くらいになりました。そこから、なんとかかんとか結果を出していったわけです。

まずは序章で、僕のポンコツっぷりを知ってもらえればと思います。「これなら自分でもできる」と思えるはずです。

そこから第1章で、とにかく商売は危ないものじゃないということをお話ししていきます。それをイントロに、第2章~第4章では具体的な商売のやり方を考えていきます。商売を安定させることができれば、次の展開が見えてきます。第5章ではウハウハになるまでの道筋をお話ししていきます。

僕よりお金を稼ぐ人はたくさんいますが、僕は十分に幸せです。この本のタイトルには「起業」という言葉を使ってはいますが、会社をつくって大きく稼ぐようなことは前提としていません。個人事業主で十分です。

だから長者番付に載るような大金持ちにはなれません。でも、自分と、自分の家族と、もうちょっと。半径5メートルくらいの人たちを幸せにするためのお金は稼げるようになります。みんな、それを求めているのではないでしょうか。

そういう意味で、この本では僕たちがつくり上げていくものを「商売」と表現しています。「ビジネス」というより、身近で、温かい感じがするように思って、この言葉を選びました。

派手なところはありませんが、安心、安全で、みんなが笑顔になれる方法をお話ししていきます。リラックスして読み進めてください。

目次

序章

借金1000万円から年収2億円

第1章

「ビビりの商売」の心得

第2章

超客観的な「マイルール」

第3章

「何を売るか」を決める基準

第4章

答えはお客さんが持っている

第5章 商売の数を増やしてウハウハになる

ブックデザイン　別府拓（Q.design）
イラスト　ぷーたく
DTP・図表　横内俊彦
校正　菅波さえ子

序章

借金1000万円から年収2億円

ヒマそうな店長を見て人生が決まる

僕の出身は、福島県いわき市。全国どこにでもあるような地方の工業高校に通っていました。

同級生とバンドを組んでドラムをしていて、その道でプロになりたいと思っていました。といっても、それで稼げる見込みがあるわけではなく、とりあえずは卒業後の進路を決めないといけなくなりました。

実家が寿司屋だったこともあって、なんとなく和食料理人として働くことにしました。どうせやるなら都会がいいし、バンドするのにも有利だろうということで、東京の割烹《かっぽう》料理屋で修業することにしました。

でもしばらくやっているうちに、音楽に集中したいなと思うようになって、半年ほどで辞めました。

それでフリーターをしながら音楽を続けましたが、東京のレベルは想像以上。うまくいきませんでした。わずかな貯金も底をついて、いよいよどうしようもなくなりました。どこに頼るあてがあるわけでもなく、いったん地元に帰ることにしました。家業は兄が継ぐことになっていて、自分の食い扶持《ぶち》は自分で稼がなければいけません。少しでも経験を生かせればと仕事を探して、大きなホテルで働くことになりました。毎日5時から22時まで、調理の下働き。午前中は延々と野菜を切って、午後は盛り付けと片付けです。

21歳のときに、「まー、結婚でもしてみるか」と早くも結婚。特に深い考えがあったわけでもありません。なんとなくです。

でも休みは月に2、3日で、新婚生活を楽しむこともできません。だんだんと「このままはイヤだな」と思うようになりました。

朝早くから魚市場に行って夜まで働く父の姿を、子どもの頃から見ています。すごいことだと思います。でも、「自分には真似できないな」「40、50歳になってもこの生活を続けるなんてムリだな」。そういう気持ちが強くなっていきました。

それでもなんとかかんとか仕事を続けて、26歳の頃、たまたま友達に連れて行かれた地元の服屋で、人生を変える出会いがありました。

そのお店は地元では有名で、当時、オーナーは3店舗経営していました。オーナーを見ていると、めっちゃ楽そうなんです。店の前のベンチに座ってタバコ吸いながらお客さんと話しているだけ。それで儲かっている。

それに対して、自分は一生懸命朝から晩まで働いて、手取りで13万円。この瞬間、僕の未来が一気に広がってしまいました。

アクセサリーショップをオープンしてみた

店長に「どうやって仕入れてるの？」と聞いたら、東京の問屋を教えてくれました。僕は思い立ったらとにかく行動するタイプです。無理やり仕事を休んで、さっそく行ってみました。板長や女将《おかみ》さんに文句を言われようが関係ありません。

問屋に行くと、信じられないくらいの値段で売っているんです。一般的なお店だったら5000円でもおかしくないようなアクセサリーが、500円で仕入れられます。

「これは楽して儲かっちゃうな」

僕の腹は決まりました。すぐに仕事を辞めて、オープンの準備を始めました。

政策金融公庫から受けた融資は200万円。自己資金はゼロでした。融資の審査は自己資金が一定の割合以上ないと通りません。あちこちからお金を借りて見せ金をつくり、強引に通しました。後から聞くと、公庫の担当者の方が一生懸命根回ししてくれていたそうです。感謝です。

でも、これが地獄の入り口でした。

お金が用意できたので、お店の契約です。融資を受ける前から目星を付けていた物件がありました。「駅の近くだったらお客さんも来るだろうなー」と探したら、ちょうど安い物件があった。深く考えずに即決です。

店が決まれば、次は仕入れです。また東京の問屋に行って、アクセサリーを100個買いました。「いやー、これで儲かるなー」。ウキウキしながらお店に並べます。

ここで意外なことがわかりました。なんと、指輪やピアスをお店に100個並べても、ぜんぜんスペースが埋まらないんですね。そもそも8畳くらいしかない狭いお店なのに、スッカスカ。

これじゃダメじゃんということで、また東京へ行って、マフラーや古着を仕入れました。単価もそれなりに取れるし、スペースも埋められます。ちょうど10月頃だったので、これから冬物は売れるだろうし、コートなんかであればそんなにサイズを揃えなくてもどうにかなります。

内装はできる限りお金をかけないように、ブロックとモルタル。板にシートを貼って、棚に白い布を掛けて、それっぽく見えるようにしました。

なるべく少ないお金で始めようと思いましたが、とりあえずの仕入れと、簡単な内装や備品を揃えただけで、残金は50万円くらいになってしまいました。それまで200万円なんてお金を手にしたこともありませんでした。いま思うと、下手な使い方です。

「お金は一瞬でなくなるって本当だな」と思いながらも、「まあ、いいや。お店を開けばお客さんが来るだろうし、何とかなるだろう」と、深くは考えませんでした。

そんな感じでバタバタと準備をして、仕事を辞めてから1カ月後にはオープン。当時の僕は、もう、現状がイヤでイヤで、とにかく抜け出したい一心でした。オープンの2週間前くらいには子どもも生まれていて、「これでやっていくぞ！」と前向きでした。子どもの生まれる直前に仕事を辞めているわけで、本当に考えなしでした。

客が来ない。全然来ない

最初に立てた売り上げ目標が、月に45万円。休みなしで働こうと決めていたので、日に1万5000円です。なんだかんだで30万円くらい残れば十分だな、くらいにしか考えていませんでした。

ところが、お客さんが来ません。全然、来ません。

駅の近くであればお客さんも来るだろうと思いましたが、地方都市では、駅が近いからといって人通りが多いとは限らないんです。店の前を歩いているのは学生くらい。お金もあまり持っていません。1日の売り上げが5000円くらいのスタートでした。

動いてみると、わかることがたくさんあります。例えば、指輪にはサイズがあります。当たり前ですね。少ないながらもお客さんが来て、指輪のデザインを気に入ってくれる。でも、サイズが合わなければ買ってくれません。

もう、びっくりなんです。一つのデザインで何種類もサイズを揃えておかないと機会損失する。そんなことも、売ってみて初めて気付きました。でも、揃え過ぎれば売れ残りのリスクもある。サイズを揃えるかデザインを揃えるか。よくわからない決断を迫られました。

それでも、ひと月目の売り上げは30万円くらいになりました。でもそれが頭打ちです。翌月からは20万円、15万円と下がっていきました。ひどいときには10万円に届かないこともありました。

1人で店をやってみて大きな誤算だったのが、店から離れられないことです。いつお客さんが来るかわからないので、ずっと店にいないとダメなんですね。これも当たり前なんですけど。

まず、仕入れするのに店を休まなければいけません。当時はネットもまだまだ普及していなくて、パソコンで商品を買うというのも一般的ではありませんでした。仕入れのたびに、その日の売り上げを犠牲にしないといけません。少ない売り上げですけど。

それに、集客ができません。お客さんが来ないことにはどうにもならない。そもそもどうやって集客していいのかさえわかりません。少しでも売り上げを上げようと、夜遅くまで店を開けてみました。でも、酔っ払いしか歩いていませんでした。とにかく悶々《もんもん》とお店でお客さんを待っているしかない。でも来ない。まるで独房にいるような気分でした。

駅の近くにあってヒマな店。高校生にとっては絶好のたまり場です。

「あんまり長居しないでねー。お客さん入りづらいから」

「でもお客さん来ないいじゃん」

「そうだねー」

でも、彼らなりに助けてくれます。見た目はちょっとチャラいけれど、いい子ばかり。店のチラシを作ってくれて、それを僕が朝早くに駅前で配ったり、夜中にポスティングしたりしました。でもほとんど効果はありませんでした。

借金４００万円で目が覚める

融資の返済が月5万円。売り上げから差し引くと、10万円とか15万円しか残りませんでした。そこから家賃や水道光熱費を払います。残ったお金を生活費に回すか、仕入れに回すか毎月悩んでいました。仕入れをしないと売る商品がなくなるので、お金が回らなくなる。でも、仕入れに回すと生活ができなくなる。夜中に運転代行のアルバイトもしました。でもお金が足りません。

妻と子どもを食べさせなければいけません。仕方なく消費者金融から借金して、妻に生活費を渡していました。そのお金が借金だということは内緒にしていました。

一度借り始めると、感覚がマヒしてきます。借りるという感覚が消えて、ATMで自分のお金を引き出す感覚。当時はいくらでも借りられる時代でもありました。

金融公庫と消費者金融からの借金の合計が４００万円くらいになったとき、さすがに「これはヤバい」と思いました。オープンから1年ほどで店を閉めて、仕事を探しました。

業種を選んでいる場合でもありません。いろいろ探していると、給料のいい仕事がありました。全国に支店を持つ人材派遣会社の営業職。人材を企業に紹介する役割です。よくわからないままに面接を受けたら、無事内定。

でも、就業先がまさかの埼玉県でした。イヤだとは思いましたが、仕方ない。「埼玉なら東京も近いし、何かあるかも……」。よくわからない期待もあって、単身赴任することにしました。

でも、まともな社会人経験がありません。働き始めても何もわかりません。電話の受け方もわからないし、かけようとすれば手が震えます。名刺の渡し方もわかりません。渡された名刺をどこに入れていいのかもわかりません。そんなポンコツが働いていても、結果は出ません。

それに、借金は減るどころか、いわきと埼玉の二重生活で、逆に増えていきました。いわきで暮らす家族の生活費は、それまでと同じように必要です。加えて自分の生活費。そんなことも計算しないまま、目先の給料だけで仕事を決めたんです。何のために店を閉めたのかわかりません。

たまたま入った本屋で答えがわかった

「このままでは終われない！」という思いはありますが、現実として結果は出ません。借金は増えていく。家族にも会えない。知り合いもいない。当然、毎日が楽しくありません。

それがある日を境に変わります。

当時はもう仕事に対してポジティブな気持ちは持てなくなっていました。毎週金曜日に半額になるラーメン屋があって、お昼を食べに行く。そんなことくらいしか楽しみがありませんでした。

その週の金曜日にも行ってみると、駐車場がいっぱい。仕方ないので向かいの本屋に車を駐めました。ラーメンを食べ終わって、でも午後の仕事に向かう気にもなれない。なんとなく、ノソノソと車を駐めていた本屋に入ったら、営業のノウハウを書いたビジネス書が目に入りました。何の気なしに開いてみて、驚きました。

その本のいたる所に、自分が結果を出せない理由が書いてあったんです。「なんだ、そもそもこういうことを知らないから、結果が出ないいんじゃゃん」と、初めて気付きました。

僕がそれまでやっていたことは、全部自己流でした。ビジネスのことも営業のことも、「なんとなくこんな感じでしょ？」とやっていたんです。

お金を稼ぐということは、お客さんからお金をもらうことです。それって、とても大きな責任が伴うことなのに、僕は「楽して稼げればいいな」程度にしか考えていませんでした。仕事をナメていたんです。

そのことに気付いてから、とにかく本を読んで勉強するようになりました。ビジネスのノウハウが理解できるようになると、少しずつ結果も出ていきます。入社から1年半くらいで、営業所を任されるようにもなりました。

でも、その会社も結局は解雇に近いかたちで退職しました。人材派遣会社としては日本でいちばん大きい会社でした。合併を繰り返して、そのたびに異動がありました。そうすると、所長クラスの人たちが同じ営業所で仕事しなければいけなくなります。お互いに気を使うし、いまさら人の言うことも聞きたくない。そもそも僕は人と一緒に働くことがあまり得意ではないので、だんだんとうまくいかなくなりました。

最後は地元の営業所で働いて、家族とも一緒に過ごせていましたが、また異動の話になりました。派遣会社が増え過ぎて値下げ合戦になっていたこともあって、合併するたびに給料も下がっていました。「もういいや」。まだ借金は残っているのに、感情だけで仕事を辞めてしまいました。

このままではヤバい。どうするか

僕は人材派遣会社で働いている頃から、副業を始めていました。一つはプロパンガスの営業。仕事の合間に売っていました。それから当時はインターネットが浸透し始めた頃で、アフィリエイトやネットショップもやっていました。

どうやれば稼げるのか。どんなビジネスをするのにも絶対に大事なのが、「売り方」「集客」です。そう考えて、本格的に勉強しました。本や教材にもかなりお金を使って、学んだことを実践していきました。

とはいえ、始めてすぐは大して稼げません。収入は少ないのに、勉強にお金を使う。

毎月の借金の返済もある。当時は法定金利ギリギリで、バカみたいな金利が付きます。生活費が足りないので、借金を返しては借りるという悪循環がさらにひどくなっていきました。

もう、どこからいくら借金しているかなんてわからない状況になっていました。

「このままじゃ近いうちに破綻する」。子どもの寝顔を見ながら、自分のふがいなさに涙が流れました。

この状況を変えるためにどうすればいいか。本気で考えました。借金地獄を抜け出して、家族みんなで安心して暮らしたい。考えて、考えて、考え尽くして、一つの結論が出ました。

「よし、とにかくお金を借りられるだけ借りてしまえ！」

なんでやねん！　という話ですが、僕はこう考えました。

このままでは、どのみちどこかで破綻するわけです。マジメに会社員として働いても、返すのに何年かかるのかわかりません。だったら自分でビジネスをして大きく稼ぐしかない。でも自分にはノウハウがない。店をつぶした経験もある。ちゃんと勉強しないとうまくいかないのは目に見えている。そのためのお金も必要だし、ビジネスに使うお金も必要。だからお金を借りられるだけ借りて、投資する。これしか道がないという結論に達したんです。

消費者金融や、ちょっとグレーなところからもお金を借りまくりました。借金に追われるスピードより速く借金して逃げ回っていたわけです。この時期に借金が最高額になりました。合計1000万円くらいだったと思います。

そこから努力の甲斐もあって、ネットビジネスがうまくいくようになってきました。いちばんいいときで月に400万円。それだけで食べていけるなとも思いましたが、これからはネットの知識があったほうが有利だろうと考えて、WEBシステム会社の営業職として働き始めました。

「さあ、これでやっと楽になっていくな」

でも、そううまくはいきませんでした。

当時のネットビジネスは黎明期《れいめいき》で、広告費をかければお金が倍になって返ってくるような状態でした。でもあるとき200万円を投資したら、倍どころかゼロになってしまいました。

原因は不明です。なぜダメなのかがわからないことほど、怖いものはありません。ネットビジネスだけで勝負をするのは危ないと思って、いったん距離を置くことにしました。

中古着物ビジネスを始めてみた

ちょうどそのとき、知人の呉服屋さんにホームページの制作を頼まれました。そこの店主と話をするなかで、なんとなく着物のビジネスに興味を持ちました。

着物の市場を調べてみると、ピーク時で年間2兆円以上。でも当時で3000億円くらいに縮小していました。これは厳しいなと思いましたが、同時に可能性も見えました。

着物のビジネスには、中古市場もあります。これはいわゆるリサイクル業です。ブランド品や古着と同じで、不要になったものを買い取って売るモデルです。そこで、リサイクル業のビジネスモデルを調べてみました。車、バイク、ブランド、貴金属。買い取りをしたものを業者専用のオークションでお金に換えていることを知りました。

次に、中古着物のビジネスをしている人たちはどうやって仕入れているのかと調べてみると、ほかと同じように業者専用の競《せ》り（オークション）があることがわかりました。

さっそく偵察です。本当は古物商免許がないと会場に入ることすらできませんが、「いま申請中だから見学だけさせてよ」ということで、潜入に成功しました。

状態のいい着物はそれなりの金額で取り引きされますが、ほとんどは値段が付きません。ドサッと一山で1000円、2000円といった金額。でも、中古を集めて競りに出せば、とにかくお金にはなるという現実がわかりました。もしかしたらいけるかもしれない。会社員をしながら、合間にやってみることにしました。

まずはどうやって中古の着物を集めるかです。競りで仕入れることはできますが、それだと利益は少なくなります。そこで直接集める仕組みを考えました。

「着物お売りください」のチラシを作って、ポスティングです。依頼があったお宅に行って、「どうもどうも」と出張買取します。

集まる着物のほとんどは汚れていたり、破れていたりします。そうしたものはタダで引き取ります。中にはキレイなものがあって、1枚500円とか1000円で買い取ります。高いものでは数万円で買い取ることもありました。いまだから言えることですが、当時の僕には着物の知識はまったくありませんでした。でもお客さんもわからないので、中古の相場を外さなければなんとかなったんです。

集めた着物は知人の倉庫を借りて保管して、そこでガレージセールみたいにして売ってみました。するとキレイなものは、5000円、1万円で売れます。中には10万円で売れる高級品もありました。売れないものはまとめて競りに出せば、安いながらもお金になります。

出ていくお金はチラシとポスティング費用、車のガソリン代に倉庫代くらい。たかが知れています。限りなく少ない費用でお金になる仕組みができちゃったわけです。

「これは儲かるぞ!」

ここでもすぐ行動。仕事を辞めて本格的にやることにしました。買い取りの合間を見て、ショッピングセンターやスーパーでの出張販売。だんだんと出店数も増やして、地元で有名なチェーン店にも出店できるようになりました。ガレージセールと合わせて月の売り上げが１００万円くらいになりました。借金も一気に完済。２人目の子どもも生まれて、「このまま人生上り調子だな、行っちゃえ行っちゃえ！」の気分でした。

ところが。

そこで起きたのが東日本大震災です。

東日本大震災ですべてがパアに

地震の瞬間は、翌日からの出張販売の準備のために、現場へ向かっていました。「めっちゃ揺れてんな」とは思いましたが、明日のビジネスのほうが大事です。でも手伝いを頼んで一緒に車に乗ってもらっていた人に、「今日はやめましょう」と言われて、しぶしぶ帰りました。「地震くらいで何言ってんだ」と納得いきませんでしたが、後になって、僕たちが出店するはずだったショッピングセンターが津波の影響を受けていたことがわかりました。

数日後に原発事故です。僕の自宅は避難対象地域外でしたが、自主的に他県の親戚の家に避難しました。ほかの人たちも一斉に避難して、街はゴーストタウンになっていました。

もう、全部パアです。倉庫が津波で流されるというような直接的な被害はありませんでしたが、ビジネスはできなくなりました。

誰も着物を買わなくなったんです。いま、着物は生活必需品ではなく趣味のものです。非常時には最初にお金を削られる対象です。いつまた地震がくるかわからないなかで、動きにくい着物を着る人なんていません。「はんなり」なんて言っている場合ではないんです。売り上げは完全にゼロになりました。

地震から1カ月後に地元に戻ると、少し落ち着いていて、買い取りの依頼はたくさん来ました。地震で家の中が散らかってしまったり、家そのものを処分しなければいけなかったりで、不用品がたくさん出てきます。

でも、一切売れません。そんな状態が4カ月間続きました。

それでも、悲壮感というよりは、どうにかするしかないという感じでした。これはほかの被災者の人たちも同じじゃないかと思います。落ち込んでいるヒマがないというか、目の前の困難をどう乗り越えるかを考えるしかない。

でも同時に、「なんとかできる」という気持ちもありました。

アクセサリーショップをつぶしたときの僕は、ビジネスのことを何もわかっていないポンコツでした。でもそこから集中して学んで、結果を出してきた自負もありました。借金もないし、数百万円の現金は手元に残っています。どこにいても食っていける、何をしてでもビジネスできる。以前の僕と大きく違うのは、人を集めるロジックとセールススキルを身に付けていたことです。これさえあればどうにでもなります。

いわきはビジネスできる状況ではなくなってしまいましたが、それに合わせて止まっているわけにはいきません。5月からほかの県で出張販売できるように交渉して、ビジネスを再開しました。

同時に、いわきでお店を出すことを決心しました。原発事故で住む場所を追われてしまった人たちがいわきに流入して、家賃や土地が高騰《こうとう》し始めていました。動くなら早いほうがいい。

売り上げは止まったままでしたが、人が動けばモノもお金も動きます。そして何より、みんなが集まれる場所が必要だと思いました。多くの人たちが震災前の生活を取り戻そうとしていました。趣味のおしゃべりができるようなお店があれば、少しでも明るい気持ちになってもらえるかもしれません。

オープンしたのは8月でした。出張販売で買ってもらっていたお客さんたちに、手紙を書きました。

「みんな元気？　大変だったよね。趣味のことを考えられるようになったら生活が戻ってきた証拠。少しでも気持ちに余裕を持てるようになったら遊びに来てね」

たくさんのお客さんが来てくれました。「感動した」「手紙に気持ちが救われた」と言ってくれました。そこから最高益の更新が続きました。

放置自転車ビジネスをやってみた

中古着物ビジネスをもう一度軌道に乗せて、次に始めたのが放置自転車ビジネスです。

不動産の管理会社やオーナーさんから依頼を受けて、マンションや大学など、民間の場所に放置された自転車を無料で撤去します。それをキレイにして、中古販売、海外輸出、レンタル。リサイクルできない古いものや壊れているものは、鉄クズとしてお金に換えます。ただ稼ぐだけではなく、社会問題の解決にもなります。

このビジネスは知人の経営者が始めたモデルで、もともと「儲かるだろうな」「面白いモデルだな」と思っていました。中古着物ビジネスをつくっていく中でも、いろいろと参考にさせてもらっていました。

あるとき、「また何か大きな災害が起きたらと思うと、売り上げが上がっても不安は消えないですよね」と話すことがありました。ちょうど彼も次の展開を考える時期だったみたいで、「自転車、一緒にやらない？」と誘われました。

やってみると、街には本当にたくさんの放置自転車がありました。中には新品で買えば10万円以上するようなスポーツタイプの自転車もあります。電動自転車もあります。さらにはバイクも放置されています。日本はやっぱり豊かな国なんだなと実感しました。

それを無料で集めて売るだけでお金になる。おいしいことこの上ありません。やればやるだけ売り上げは伸びていきます。もともとのモデルをアレンジしながらビジネスパートナーを増やして、全国に規模を広げました。いまでは業界トップの組織に成長しています。

このビジネスではまだまだ規模を広げていきたいと思っています。最近、「6億5400万円山分けキャンペーン」をぶち上げました。パートナーを全国で150人にする。毎月副業で10万円以上稼ぐ人を40人、30万円稼ぐ人を60人、50万円稼ぐ人を35人、100万円稼ぐ人を15人。これで毎月最低5450万円、年間6億5400万円です。お金がすべてではありませんが、お金を稼ぐよろこびは大きいものです。それをみんなで共有するために、本気で取り組んでいます。

いろいろあったけれど、ウハウハです

放置自転車ビジネスを始めたのは2012年から。そのとき着物のお店は人に任せられるようになっていました。両方のビジネスが波に乗って、2014年、2015年くらいがいちばんお金を稼いだ時期になりました。年収で2億円くらい。

まあ、ウハウハです。隠しても仕方ありません。超ウハウハです。高卒、廃業、失業、大損、天災、借金1000万円からの成り上がりです。

僕が「成功したな」と思ったのは、フェラーリを買って夜のレインボーブリッジを走ったときです。アクセルを踏んで、「これが成功者の感覚かああ!」と酔いしれました。あと、現金でロレックスを買ったとき。チャリンチャリンと自転車でロレックスの銀座本店に行って、札束をドンと置きました。どちらも、とても下世話な話ですね。

でも、そんなものでいいんだと思います。上場企業の経営者になったり、世界中に

広まるイノベーションを生み出したりしなくても、僕は十分に幸せになりました。

欲しいものを買える。財布の中を気にしなくていい。自分と半径5メートルくらいの人が不自由なく暮らせるくらいのお金と、時間に縛られないライフスタイルを手に入れる。

それが世の中に広がっていけば、めちゃくちゃ楽しいと思います。自分と周囲を幸せにできる人たちが、どんどん増える。この本も、そういう思いを込めて書いています。

第1章

「ビビりの商売」の心得

ポンコツでも商売はできる

商売はギャンブルじゃない

僕が自分の経験を通してわかったことは、ちゃんとやれば、**商売は誰でも結果を出せる**ということです。何かすごいセンスや能力や技術がないとうまくいかないなんてことはありません。僕みたいなポンコツでもできたんですから、絶対に大丈夫です。

物々交換の時代から長い間、人は商売というやり取りを続けてきました。そこには、過去の人たちがテストと反証を繰り返して出してきた答えがあります。僕たちはそれをなぞればいいだけです。

人が生活の糧《かて》にしてきたこと、狩りだって農業だって、一度やり方を知ってしまえば、安定した結果を出すことができます。自然に左右される要素はあっても、決してギャンブルではありません。

同じように、**本来、商売もイチかバチかでやるものではありません**。世の中で正しいとされているビジネスの手法をコピーしていれば、大きく外すことはないんです。というか、外しようがない。「商売とは何か」を簡単に言えば、安く仕入れて高く売ること。すごくシンプルです。そしてそこにはちゃんと理屈があります。僕たちは手品師ではありません。ネタも仕掛けも大いにあるんです。

仮に失敗したとしても大丈夫です。正確に言えば、この本でお話ししていく**「ビビりの商売」には「失敗」という考え方そのものがありません**。

もちろん、具体的な一つひとつの選択には、結果としてうまくいくことも、いかないこともあります。ルール通りにやって、すべてがうまくいくとは限りません。だから小さな手をたくさん打って、基準に合わない結果が出ればすぐに引きます。それで別の選択肢を試してみて、うまくいくようであればそちらへ進みます。

そうして少しずつ商売をつくっていけば、致命的な傷は負いません。みんな**思い込**

みで一つの道にすべてを賭けてしまうから、どこかでギャンブル的な要素が強くなってしまうんです。そうして失敗したときにどうにもならなくなる。

できる限りリスクなく商売を始めて、正しいお金の使い方や商売のやり方をなぞっていく。それさえできれば、仮に一つの商売がダメになったとしても、すぐに次の展開に移せます。全部なくなったとしても、何かしらで食べていける。その方法をお伝えしていきます。

「ビビりの商売」の心得 1

ダメだと思ったらすぐに引く

なぜうまくいかない人がいるのか

ビジネスにはルールがあって、それを守ればうまくいくはずなのに、なぜ失敗する人がいるのか。

ひと言で言えば、**「自分の考え」に固執するから。**これに尽きます。

小さな商売では、悠長なことはしていられません。今日打った手を、明日にでもお金に換えていく必要があります。だからそこで焦ってしまいます。客観的な検証をせずに、「自分は正しいんだ」と思い込んでアクセルをベタ踏みしてしまう。

「一貫性の法則」といって、人は自分の言動や信念を通したいという心理を持っています。これがいい方向に働けばいいですが、危険もあります。何かあったときに引き返すことができません。

自分の感情や欲、主観で動くから失敗してしまうんです。ビビりの商売を構築するときには、自分の考えをルールの中に組み込まないようにすることが大事です。

イノベーションと呼ばれるような商品やサービスを生み出す人がいます。経済が活性化して、みんなが豊かになっていくためには、そうしたことも重要です。いままで世の中になかったものを生み出すことは、ルール通りではできません。自分の感情から世の中を動かすようなビジネスが生まれることもあります。

でも、**僕たちがしないといけないのは、まずはきちんと稼ぐこと**です。失敗の確率を限りなく低くして、成功の確率を少しでも高めていくことです。そこをごちゃまぜにしてしまうと、入口から間違えてしまうんです。

「ビビりの商売」の心得

2

「自分の考え」を入れない

みんな「お金」で失敗する

僕はアクセサリーショップをつぶしてから、ビジネスで失敗した人たちの本をたくさん読みました。自分でお店をやってみた、ダメだった。「なんでかな」「ほかの人たちはなんで失敗したのかな」と気になったんです。

そうすると、たいていみんなお金で失敗していました。そう聞けば当たり前ですが、**本来のお金の動きとは違う動かし方をするからコケる**ということです。倒産と聞いてイメージするような、**人の能力や商品の質が原因の失敗は、意外と少なかった**んです。

例えば知人の借金の保証人になる、ちょっと儲かって散財してしまう、まだその段階ではないのに借金して規模を拡大してしまう、不必要なところにお金を使ってしまう。どれも正しいお金の動きではありません。

困っている人を助けたい、本当は必要ないものでも欲しくなる。そうした間違いの根っこには、見栄や欲望があります。これも「自分の考え」に行き着きます。

僕のクライアントの知人の話です。地元では有名な団子屋さんでした。おばちゃんが焼く団子がおいしくて、ずっと同じ場所でお店を続けていました。

でも跡継ぎの問題もあって、隣町の別の菓子屋に事業譲渡しました。その菓子屋はウハウハです。老舗団子屋のノウハウも客もそのまま吸収したわけですから、黙っていても儲かります。

ある日、菓子屋は銀行から製麺所を買わないかと持ち掛けられました。ウハウハだから2000万円借り入れて、製麺所を買いました。せっかく製麺所があるんだからと、次にラーメン屋を開きました。ところがこのラーメン屋がまったくの鳴かず飛ばず。結局すぐにつぶれてしまいました。製麺所もうまくいかずに、会社も倒産です。

菓子屋は、そもそも製麺所を買う必要はなかったわけです。十分に収益の出ている団子屋があったのに、銀行に声を掛けられたことで「もっと儲けたい」という感情が出ちゃいました。「銀行に金を借りてくれって言われるなんて、俺も偉くなったな」という勘違いもあったのかもしれません。

「借金しちゃダメよ」ということではありません。**ちゃんと判断を重ねた結果として次の段階に進むために借金するなら、それは正しいお金の動き**です。それを「銀行が来たよ。いい話だね」で乗ってしまうからうまくいかなくなるんです

どんな失敗も、後から振り返ればわかりやすい答えが出ています。**「失敗の公式」はちゃんと存在するんです。**

「これを売ろう」が最初の間違い

商品から考えると思考が狭くなる

商売を始めようとすると、みんな商品やサービスから考え始めます。どんなものを売ろうかな、どうやったら売れるかな、売れそうな商品やサービスはないかな、すごい商品はないかな、これから流行《はや》りそうなものはないかな。

当たり前のことのようですが、実はこれが最初の間違いです。

まだ世の中には普及していない珍しい商品と出会ったとします。**「これを売ろう」と決めた瞬間、そこに「自分の考え」が入り込みます。**「これはみんなに必要とされている商品だ。絶対に売れるはず」と考えてしまう。

売れるかどうかは、売ってみなければわかりません。売れないのであれば、その商品を扱うべきじゃありません。でも、商品やサービスを軸に考えてしまうと、売れないという結果が出たとしても、「売りたい」「私は間違っていない」という考えから離れられなくなります。

自分の好きなことでお金を稼ぎたいという人もいると思います。例えば料理が好きで、自分のお店を出したい。アクセサリーを作るのが趣味で、それで稼げるようになりたい。

それ自体は悪いことではありませんが、主観から離れられなくなる危険性が高くなります。自分で作ったものなんて、絶対に売りたいに決まっています。強い思い入れがあるから、一度始めてしまえば売れなかったとしても引くことができません。時間もお金もどんどん浪費してしまいます。

矛盾するようですが、この本では、基本的に**どんな商品やサービスでも商売にできる方法**を紹介していきます。それがお菓子やアクセサリーであっても構いません。

その商売をつくり上げていく上では、さまざまなことを考えていきます。どうやって集客するか、どうやって売るか。お客さんのニーズに合わせて商品の形を変えたり、売り方を変えたりすることもあります。別の商品をヒントに、より効率よく稼ぐためにどうすればいいかを考えることもあります。あるいは、「これをやってはいけない」と決めておくべきこともあります。

でも、「これを売る」と考えた瞬間、こうしたたくさんの選択肢が見えなくなって、ただ「売ろう」としかしなくなります。その中で間違ったものを選択したまま進み続けてしまい、結果的にコケます。

商品やサービスを軸に考えるなというのは、その商品がダメだということではなく、思考の枠を狭めてしまうからなんです。

気を抜くと「商品ありき」が入り込む

以前、仕事仲間がこんな話をしてきました。

「見切り品のお菓子を安く仕入れることができるルートを見つけたんですよ。それをどこかに売れば、儲かるんじゃないかと思って」

一見正しく思えますが、すでに商品にとらわれて冷静な判断ができなくなっています。

そもそも、なぜ見切り品のお菓子があるのか、なぜ安く仕入れることができるのか。簡単です。商品がダブついているからです。

つまり、仕入れることができても売り先がありません。問屋が売り先を開拓できずにいるのに、商品を買ってくれるところがそんなに都合よく見つかるはずがありません。

さらに、安く仕入れて安く売るしか方法がないので、多くの利益は取れません。そうすると、大量に売らないといけなくなるので、余計にたくさんの売り先が必要です。とどめに、お菓子には消費期限があるので、商品価値は日々下がっていきます。

彼は、商売に自分の考えを入れることが危険だという僕の話を、わかっているつもりでいました。それでも、「定価よりも安く仕入れられる」という表面上のメリットに惑わされてしまいました。

常に気を付けていないと、いつの間にか「商品ありき」の発想に影響されてしまい

ます。それだけ、商品やサービスから考えるということがビジネスでの常識になってしまっているんです。

「ビビりの商売」の心得

3

商品やサービスを軸に考えない

勝手に売れる仕組みをつくる

売るものはなんでもいい

繰り返しになりますが、ビビりの商売では、商品やサービスは何でもＯＫです。この本で紹介するのは、**「どう売るか」ではなく、勝手に売れる仕組み**をつくるプロセスです。仕組みさえつくっておけば、売るものは問いません。

もちろん、価値のないものを売ろうとしても売れません。でも、それも特別なものでなくても大丈夫です。いまあるものを売ればいい。そんなに簡単に売れるのか、という話ですが、まともな商品やサービスとして存在しているのであれば、それなりのクオリティであるはずです。値段の高い安い、たくさん売れる売れないといった差はあっても、必ずどこかで売れます。

ただし、それで採算が合うかどうかはわかりません。だからとにかく売ってみて、どこかで採算が合わないとわかったら、次の商品を試します。

みんな、流行っていたり、高品質だったり、差別化されていたりする商品を売ろうと考えます。それは、結局「集客」と「セールス」をしやすくするためです。売れそうな商品や売れている商品を扱うだけで「お客さんが来るかな？」「売れるかな？」という心配が少なくなります。楽できるわけです。

でも、そうした商品だけに頼ってしまうと、何かの理由で売れなくなった瞬間に、商売はストップです。**この世に、ずっと売れ続けるものなんてありません。**今日売れているものが、明日売れるとは限らない。これはビジネスをしている人なら誰でも知っていることだと思います。流行も一瞬で変わります。

商品が売れなくなったとき、また新しい商品を探し出すことができればいいですが、いきなり高い収益性を生むような商品がポコポコと見つかることはありません。結果的に、毎回綱渡りで商売を続けることになってしまいます。そんな危険なことをしなくても、どんな商品でも商売にできる力を身に付けていれば、いくらでも対応できるんです。

無限の商品と無限のお客さんを結ぶ

ビビりの商売に必要なのは、大きく言って「集客」と「セールス」。これだけです。

そこに利幅を大きくするためにどうすればいいか、作業を効率的にするためにはどうすればいいか、といった要素も絡んできますが、骨格は集客とセールスだけ。どのようにお客さんが来て、どのように売れていくかを分析する。その流れを再現する仕組みをつくる。それだけできてしまえば、**ほかが多少まずくてもどうにかなります。**

集客とセールスは一連の流れで、二つに分けられるものではありません。極端に言えば、商品に興味を持ったお客さんを集めることができれば、自動的に売れます。もちろん全員に売れるわけではありませんが、そこからは確率の問題です。

みんながみんな買ってくれる商売なんて存在しません。最後に買うか買わないかを決めるのはお客さん。商品やサービスを伝えて、見込み客を集める。そうして実際に買うか買わないかを決めてもらう。商売としてするべきなのは、この仕組みをつくることだけです。

「人を集めて、売る」。言葉にすると当たり前ですが、これをすっ飛ばす人がたくさんいます。商品を作ることばかり考える、利益を高める方法ばかり考える、おしゃれなお店を作ることばかり考える。おしゃれなお店にすればお客さんが来るという考えなのかもしれません。でも、現実はそうじゃない。

どうやればお客さんを集めることができるかを本気で考えない。次第に、集客にお金を使うことをもったいないと思うようにすらなる。それなのに「お客さんが来ない」と悩む。もうめちゃくちゃです。

僕たちがやるべきなのは、商品とお客さんをつなぐことです。商品やサービスは自分とは無関係に存在していて、お客さんも世界中にいる。その接点として自分はいる。そう理解するだけで、可能性は無限に広がります。

これが「お客さんと自分」という立ち位置でいると、いつの間にか売ろう、売ろうと「売り気」ばかりが先行して、強引なセールスをしたり、無謀な値下げをしたりして、うまくいかなくなってしまいます。精神的にもしんどくなってしまうんです。

「ビビりの商売」の心得

4

「集客」と「セールス」がすべてと知る

誰がやっても回る商売をつくる

問題を細分化していく

ビビりの商売は集客とセールスの仕組みをつくればうまくいく。じゃあ**どうやってその仕組みをつくっていくか。それはすべて「テスト」の繰り返し**です。この本で紹介するやり方は、すべてここに行き着きます。

テストとは、簡単に言うと○か×かを仕分けていくことです。世の中が複雑に見えるのは、いろいろな問題が組み合わさって、多層的になっているからです。漠然と「どうすれば商売がうまくいくのかなあ」と考えていても、解かなければいけない結び目が多過ぎて、どこから手を付ければいいかわかりません。解決すべき問題があれば、それを細分化していけばいいんです。

問題を解決できないのは、多くの場合、本当の問題が何かがわからないからです。問題が明確であれば解決するための手を打てます。問題を発見するために一つひとつの業務を細分化して、問題を解決するために、テストを繰り返していきます。

例えば、集客の問題であれば、ターゲットは誰か、どのようにターゲットにリーチしているのか、その媒体は、メッセージは、と分解していきます。メッセージが違うと感じたら、メッセージを変えるか、ターゲットを変えるか、両方を変えるか、という選択肢があります。そこで仮説を立てて、客観的に判別するためにテストします。メッセージが弱いという仮説であれば、新しく考えたメッセージをお客さんにぶつけてみます。反応があれば○。そうでなければ×。

そこに**△を入れてしまうから迷う**んです。△とは、自分の感情です。「これでいけるかな？　どうかな？」。いつまでも机の上で悩んでいるから、物事が進みません。

一つずつ答えを出していけば、怖いことはありません。難しい統計論やビジネス理論を持ち出さなくても、誰でも線引きできます。問題を細分化して、○か×かだけで判断していく。商売を考えるとは、つまりそういうことなんだと思います。

「ビビりの商売」の心得 5

一つひとつ「テスト」で明らかにしていく

商売を他人に任せられるようになる

テストを繰り返して、客観的事実だけを見て判断を重ねていく。自分の感情や考えは一切入れない。それを徹底していくと、個人の能力や判断に依存しない、再現性の高い商売の仕組みをつくることができます。ここに、ビビりの商売の本質があります。

個人に依存しないということは、誰にでもできるということです。**一度仕組みをつくり上げてしまえば、誰がやっても同じ結果が出ます。誰がやっても同じ結果が出るのであれば、人に任せることができます。**

従業員を雇えば、自分がずっと現場にいなくてもよくなるわけです。自分がいないからといって売り上げが落ちる心配もありません。すると経営者は時間に縛られなくなります。経営者にとって、時間に余裕を持つことは想像以上に大事です。**経営者は常に思考を働かせておかなければいけません**。商売に現状維持はありません。常に学び、次の展開を考えていなければ、置いていかれます。この変化の速い時代ではなおさらです。

目の前の作業に手を取られていると、考える時間がなくなります。そうして新しい手を打てなくなります。いわゆる思考停止の状態。これがすごく危険です。できる限り時間をつくって、次の商売のヒントを学んだり、テストをしたりしなければいけません。時間はお金と同様、いやそれ以上に重要なリソース（資源）なんです。

さらに、**仕組みをつくり上げた後は、商売をまるっと他人に任せてもいい**。フランチャイズ方式でノウハウを公開することもできますし、商売自体を売ることもできます。そうして自分は新しい商売を始めてもいい。**ビビりの商売では、売るものが変わってもそのノウハウ自体は同じ**です。だからどんどん商売を増やしていくことができます。可能性はどんどん広がっていくんです。

「お金の不安」を明確にする

お金は使わなきゃ入ってこない

誰でも商売はうまくいきます！　絶対に大丈夫！　稼げます！
といっても、「じゃあやろう！」とはなりませんよね。どこまで行っても不安や危機感や気掛かりはなくならないと思います。

大事なのは、**何に不安を感じているのかを明確にすること**です。不安とは、よくわからないものに対して感じる感情です。漠然とした不安を不安のままにしていると、いつの間にか恐怖に変わります。恐怖を感じると、人は動けなくなります。自分の中に恐怖がドッシリと居座る前に、不安を明確にしなければいけません。

起業に対する不安の多くは、「お金」ですね。

会社を辞めて起業して、稼げなかったらどうしよう、借金が返せなかったらどうしよう。でも、それは具体的な不安のように思えてアヤフヤです。月にどれくらい稼げないとダメ？　貯金がどれくらい減るとダメ？　そもそも、何でお金がないことが不安なの？　そこを考えることができていません。

不安がはっきりしないまま、漠然と「お金を使うのが怖い」と考えてしまう人が多い。だから、「タダで儲かりまっせ」とダマす人が出てきます。

多かれ少なかれ、お金は使わないと入ってきません。**払うことに躊躇《ちゅうちょ》していたら稼げない。**これは真実です。店舗を借りるのも頭金が必要です。少なくとも、仕入れはしないと商売できません。

考えてみれば当たり前の話で、みんなこれまでの人生の中で、お金を稼ぐためにお金を使ってきているはずです。いい会社に勤めるために大学に通うとか、資格を取るために本を買って勉強するとか、運転が必要な仕事に就くために免許を取るとか。投資をしなければお金を稼げません。それを理解せずに**ただ不安だけを感じているから、目の前に出てきたうまい話に引っ掛かってしまう**んです。

ミニマムのお金で始める

不安がはっきりすれば、それを解決するやり方も見えてきます。

仕事を辞めて起業するというのであれば、生活できなくなるんじゃないかと不安で仕方ないですよね。とりあえずは副業で始めればいい。**生活費に必要なお金はキープしておいて、そこから出せるお金をタネ銭にして始めればいい**んです。

お金を使わずに稼ぐ方法はありませんが、ミニマムのお金で稼ぐ方法はあります。いまお金がなくてもどうにかなります。

最初に何百万円も用意して、チャレンジして、ダメだったらお金がなくなって、それどころか借金もしないといけない。起業に対してそうしたイメージを持つ人はいまだに多いですが、そんなことはありません。より少ないお金で稼ぐ方法を紹介していきます。

わかりやすい例で言えば、お店を出すのに必要な費用です。レストランをやりたい。

でもお店を出すお金がない。新規オープンのためには、安くて何百万単位、高ければ1000万円を超えるお金が必要です。

でも、**必ずしもいきなり店を持つ必要はありません**。例えば最近は間借りが増えています。夜に居酒屋としてやっている店舗を昼の間に借りて、ランチを売る。移動販売という方法もあります。移動販売の道具一式をレンタルしてくれる会社もあります。いまはオフィス街や商店街の一角に、期間限定で場所を貸してくれる所もあります。

第4章でお話ししますが、僕たちにとって**唯一の真実はお客さんの言葉**です。お金を貯めている間に、お客さんと直接接することで、自分の商売のノウハウも出来上がっていきます。料理を待っている間にLINEなどに登録してもらえば、顧客リストを集めることもできます。常連さんになってくれた人には、お店を出したときに足を運んでもらうこともできます。

商売の仕組みとしても、お客さんの見込みとしても、いきなり高いレベルからスタートできるわけです。会社員をしながらコツコツとお金を貯めて、うまくいくかどうかもわからないのに、貯金を全部吐き出していざ出店！というより圧倒的に少ないリスクで始めることができます。

制約があるからアイデアが出る

ある2人が同じ商売を始めることになりました。1人は元手1000万円からスタート、もう1人は最初から1000万円の資金を持っています。

そうしたとき、後者のほうが有利かといえば、そんなことはありません。実際に起業する人たちを見ても、**最初にお金があるかどうかはそれほど関係ありません。**

ゲームが面白いのは、ルールがあるからです。どんな方法でもやりたい放題だったら、面白くありません。限られた条件の中だから工夫することができるし、それが楽しいんです。

商売も同じです。**お金がないという条件の中でどうすればいいのかを考えることで、アイデアが生まれます。**

お金があれば、いろいろなことができてしまいます。お店をどこに出すかな、どんな内装にするかな、どんな人を雇用しようかな。お金があるから、なんとなくほかの人たちがやっているのと同じように、形から整えてしまいます。

これは考えなくてもいいので、楽なんです。でも、それではノウハウが積み上げられません。最初はよくても、うまくいかなくなったときに知恵を出すことができません。そうして「あのときのお金があれば……」と言っている間に破綻《はたん》します。

制約があれば、知恵を出すしかありません。だからより深く考えることができる。考え抜く癖を付けていれば、お店を出してからも工夫していくことができます。

お金はないよりはあったほうがいいのは事実です。でも、**お金がないことをマイナスに捉える必要はありません。**まずはいまの舞台でゲームを始める。そう捉えると、クリアするための方法を考えることができます。そして次のステージ、次のステージへと進んでいく。リアルで、リスクの少ないゲームとして、楽しめばいいんです。

「ビビりの商売」の心得
6
お金がないことを前向きに受け止める

お金の管理もシンプルに

お金に関する不安でもう一つ。起業を考える人の多くが気にするのが、お金の管理についてです。税金の計算、どれだけ留保をしておけば安心か、売り上げと支払いのバランスは、などなど。

会社員であれば経理がいるので、個人が難しく考える必要はありません。月末にもらう給料明細を見て、「今月も税金たくさん取られてんなあ」と言っていればいいわけです。

起業すると、お金の管理も自分でしなければいけません。でも僕は、必要以上に神経質になることはないと思っています。

法人であれば、法人税、所得税、消費税、雇用保険、社会保険、厚生年金、給料、取引先への支払い、留保……さまざまに考えなければいけません。でも個人でやるならシンプルです。**単純に通帳を分けておくだけでいい**と思います。売り上げ（入金）用、支払い（経費）用、税金用、生活費用、これだけで十分です。

一例として、個人事業主としてやっていて、月の売り上げが100万円（年1200万円）、利益率60パーセントで利益60万円（年720万円）、支払いが40万円（年480万円）だったとします。税金のことなんて調べればわかります。所得税、住民税、個人事業税の合計は、各種控除を考えると、ざっくり利益の30パーセントくらいです（収入などによって異なるので、実際には正確な割合を調べてください）。

月に100万円の売り上げ、それで支払いの40万円、税金の18万円を、それぞれの通帳に入れておく。残りの42万円（年504万円）が生活費。この金額が高いか低いかは人によって受け取り方が違うと思いますが、とりあえずの生活には十分です。生活の土台を築いて、さらに上を目指すことができます。

計算がわかりやすいように利益率を60パーセントにしましたが、扱う商品や商売のつくり方によっては、手元に残るお金はもっと多くなります。僕の中古着物ビジネスでは利益率95パーセントくらいでした。100万円の売り上げで95万円が手元に残るわけです。放置自転車ビジネスでは、無料で自転車を回収（仕入れ）しているので、利益率は100パーセントです。ウソのようなホントの話です。

個人事業の場合、「売上げ－経費」を自分の収入と考えましょう。いわゆる「貯金」は生活費から出すことになります。

老後資金が不安であれば、資産運用を考えてもいいと思います。ただし、そっちで儲けようとは思わないこと。稼ぐのは商売で。資産運用は「増えればラッキー、減らなければいいいな」くらいで考えましょう。基本的には、お金に余裕ができるまでは、余計なことに手を出さないほうが無難です。

いずれにしても、**プライベートと商売のお金を一緒に管理しない。それだけ気を付けていれば、大きな失敗はない**はずです。

大企業と同じ土俵で戦わない

ビビりの商売は拡大しなくていい

最近はインターネットでもSNSでも、起業や副業を勧める発信が多くなっていま
す。この本もその一つですが、書店に行けばたくさんの起業本が並んでいます。
その中には小難しいビジネス理論を説明する本がたくさんあります。「マーケット
インとプロダクトアウト」がなんたら、「イノベーションのジレンマ」がかんたら。
誤解を恐れずに言えば、**ビビりの商売にそんな理論は必要ありません。**ビジネス理
論が必要なのは、ある程度以上の規模を持つビジネスだけです。
資本主義における正義は成長です。大企業のビジネスは拡大することを原則として

います。株主がいて、社会的責任があって、従業員もたくさんいます。そうすると、ビジネスの原理原則から外れることは許されません。本音では難しいと感じていても、株主に文句を言われないように、今年10万個売れたら、来年は20万個、再来年は30万個と成長させていかなければいけません。

成長を続ければ当然規模が大きくなります。規模が大きくなればなるほど、収益を高めなければいけなくなるので、最大公約数を選択せざるを得なくなります。それが大企業のビジネス理論です。

それに、**企業と個人とでは資本の違いもあります**。大企業は規模が大きい分、一つのチャレンジにたくさんの費用をかけることができます。だからテストやマーケティングにもたくさんの予算が充てられます。そこで高度な理論を使って、検証していくわけです。

これを僕たちがやろうと思っても無理です。僕たちが戦うのは、大企業とは全然違う場所です。大きさで勝負しても勝ち目はありません。経済が成長して景気がよくなればラッキーですが、そうならなくても戦っていけます。

大企業のやり方が間違っているというわけではありません。でも、**ビビりの商売をやっていく上では、そのやり方や常識を正義とすることは危険。**そのことを覚えておきましょう。

毎月売り上げを上げなくてもいい

どんなビジネスでも、月や季節によって、売り上げには差が出てきます。でも企業では、売り上げにかかわらず、毎月の固定費が必要です。大きいのは人件費と家賃ですね。売り上げが足らないからといって払わないわけにはいきません。

だから、毎月しっかりと予算を管理する必要があります。支払いと売り上げのバランスを見ながら、売り上げが出しづらい月でも、なんとか売り上げを上げようとします。そうして現場に負担がかかって、無理が出てくることもあります。

でも僕たちは、そんなことをする必要はありません。例えば花火の生産者みたいな商売をイメージするとわかりやすいと思います。花火が売れるのは、主に夏前から夏にかけてです。**ヒマな間に仕込んでおいて、夏に稼げる仕組みがあればいい。**そういう考えで商売に取り組むのもアリということです。

着物のお店では、盆や正月はかなりヒマでした。そんなときは店を閉めてしまいます。長いときにはひと月丸々休みにすることもありました。ヒマなときにお店を開けていても楽しくないからです。

それに、店を開けていれば日々の売り上げが気になります。どれだけ気にしても仕方がないことがわかっているのに、どうしても気になる。そのストレスがイヤで、それなら休んでしまえばいいやと考えました。

スタッフも、お店が休みなら売り上げがゼロだとわかります。休み明けには売り上げを取り戻そうと一生懸命がんばってくれます。結果的にもそれがいい効果になりました。**誰も来ないのに悶々と店番をして、人件費や電気代を使うよりはよっぽどいい**と思います。

「ビビりの商売」の心得
7
ビジネスの常識を疑う

とりあえずやってみよう

一つひとつのベクトルを分析する

昔は、世の中のみんなが同じベクトルを持っていました。みんなの欲しいもの、売れるものがはっきりとしていて、しかも共通でした。みんなカラーテレビを欲しがり、クーラーを欲しがり、車を欲しがっていたわけです。売る側は、欧米の真似をしていればよかった。答えがわかりやすいから、自分の思い込みだけでもビジネスができました。

でもいまは、**みんな共通の「欲しいもの」がありません。**どの家にもテレビやエアコンはあります。みんなが車を欲しいわけでもありません。「所有から共有への価値観の変化」みたいなこともいわれますし、趣味も人それぞれになっています。

そんな時代では、誰が何を欲しがっているのかなんてわかりません。もう、あちこちにベクトルが飛び散っているわけです。

そうした状況の中で、**「答えがわかんないから、なんとなく、あてずっぽうに」ではは絶対にうまくいきません。**僕たちはその一個一個のベクトルを拾って、ちゃんと分析していかなければいけないんです。

一つひとつの行動に対する結果はさまざまです。うまくいくこともあれば、そうでないときもあります。でも、それでいいんです。**結果がよかろうが悪かろうが、同じ価値**です。打つ手がハマればラッキー、外したとしても、「ダメだった」という結果を得られるわけです。結果がわかればまた次を試せばいい。

起業に成功する人に共通点があるとすれば、ポジティブなことです。性格的に明るいとか暗いということはあまり関係なくて、目の前の事実を必要以上にマイナスと考えずに受け止めることのできる人です。

売り上げが上がったら、「今日は飲むぞー！」。まあ、これはまだいいにしても、売り上げが下がって「あーあ」となると、次の手が打てなくなります。目の前の事実に感情を支配されると、精神が続きません。**できる限り冷静に、事実を事実として受け止める意識**が必要です。

テストを重ねていくことで、「間違いのない事実」が積み上がっていきます。一つひとつの行動は、決して難しいことでもなければ、怖いことでもありません。まずはやってみましょう。

「ビビりの商売」の心得 8

目の前の出来事に一喜一憂しない

まずは目先の5万円から

この本を読んでくれているみなさんが何歳で、どこに住んでいて、何の仕事をしていて、どんな結果を求めているのかはわかりません。

ただ、こんな本を書いていて怒られるかもしれませんが、**ほとんどの人は人生を一気に大逆転させようとしても、ちょっと無理**です。いまから大企業の社長になるのは奇跡です。歌手になってミリオンセラーを出すのも現実的ではないでしょう。野球を始めてメジャーで活躍するには、さすがに遅過ぎます。

一流と呼ばれる彼らは彼らで、必死に努力をしています。いまの自分をさらに高めることで、圧倒的なスピードで成長を続けています。だからこそトップでいられるんです。そこにいまから追いつこうとしても、難しいのが現実です。

このことを理解せずに大き過ぎる夢を見てしまうと、現実とのギャップを感じて、精神的にしんどくなってしまいます。

誰もが知るような大金持ちにはなれなくても、自分と家族と、あともう少しの人くらいを幸せにする程度の成功は、誰にでもできる。これは間違いなく言えます。

大金持ちになりたい、有名になりたいという気持ちはあっていい。それがモチベーションになることもあります。でも、その願いはいったん置いてください。

現実的な数字として月に100万円を狙う。それでも最初は大変です。まずは目先の5万円、10万円から考えましょう。逆に言うと、それができれば後は比較的楽に売り上げが上がっていきます。気負い過ぎると続きません。**最初は「損しなければいいや」くらいの気持ちで十分**です。

ただし、**行動が遅れるのはいけません**。僕が放置自転車ビジネスを始めたとき、知人の経営者に誘われて、1週間後にはその知人がビジネスをしている千葉にいました。チャンスは一瞬。物事は決めたらすぐに動かなければいけないんです。

第2章

超客観的な「マイルール」

事実だけをフラットにとらえる

「期待」がメンタルを削る

主観抜きで、目の前の現象だけをフラットに捉える。これを徹底していくことができれば、商売は怖いものではなくなります。失敗はありません。

じゃあ、なぜ主観が入ってしまうのか。一つは、ここまでにもお話ししたように、商品やサービスを軸にしてしまうからです。「売れるかどうか」ではなく、「売りたい」になってしまう。その瞬間に自分の考えが入り込んできます。すると自分の選んだもの以外が目に入らなくなります。

人間は自分の選択や行動が間違いだったと認めることが苦手です。進めば進むほど、後戻りできなくなるんです。

主観が入り込んでしまうもう一つの要素が、「期待」です。

人に対して、自分の行動に対して、みんな期待し過ぎです。「これだけやったんだから、これだけの結果が得られるはずだ」と思い込んでしまっています。

例えば50万円投資したのに、55万円しか稼げなかった。5万円プラスになっているんだから、すごいことです。でも期待値が大き過ぎると、「なんだよ、こんなものか」となってしまう。商売ではすぐに大きな結果が出ることはありません。期待に応える結果が出ないことで、精神的に削られていきます。

このとき見なければいけないことは、自分の行動が5万円のプラスという結果を生んだという事実だけです。それをよろこべというわけではなく、その事象だけを見る。これが1万円でも10万円でも同じ。マイナス5万円だったとしても同じです。**「やったー」も「あーあ」も必要なくて、事実だけを事実として捉えればいい**んです。

現実の選択基準は現実の事実

商売のすべての場面で、目の前の事象に、「成功だ」「失敗だ」と一喜一憂しない意識が大事です。

徹底的に、判断基準を自分の主観から数字や結果に転換していきます。もちろん人間だから、喜怒哀楽があって当たり前です。でも、商売をつくり上げるための判断を、自分の感情だけで決めていくことは危険です。

このことがすごく重要です。主観や感情に流されてしまうから、うまくいかなかったらどうしようと不安で動けなくなります。思うような結果が出ないときに、失敗したと判断して次の手を打てなくなります。

あるいは結果的にうまくいくことで、「俺の力で成功したんだ」と考えます。これもすごく危険です。**うまくいったのは、「俺の力」じゃありません。**過去に誰かがつくった基準をもとに仮説を立てて、それがうまくハマっただけです。

どんな結果が出てもフラットに受け止めることのできる心構えが必要です。どこかで成功してたくさんのお金が入っても、それだけのことです。うれしい気持ちを受け入れることは大事ですが、いつまでも浮かれていても仕方がありません。また明日がやって来ます。

人生の最後の最後、死ぬときに「ああ、なんか最高だったな！」と言えればそれでいい。それまでにはいいことも悪いこともたくさんあると思います。もちろん、その瞬間、瞬間、本気で考えます。目標を達成させるために最善を尽くします。それができていれば、仮に失敗したとしても、どこかのタイミングで取り返せばいいやと考えることができます。

理想や夢を描いてはいけないということではありません。でも僕たちが生きているのはやっぱり現実です。**現実の選択基準にすべきなのは、現実に起きていることでしかない**んです。

気持ちがアガる場所をつくる

自分の人生を自分で決めて、目標を達成していくというのは、楽しい反面、うまくいかないことも山ほどあります。先が見えなくなってしまうときもあるかもしれません。だから感情は入れないようにしようというわけですが、人間だから、どうしても落ちこんでしまうこともあると思います。そうしたときのために、**自分の気持ちがアガるモノとか場所を持っておく**ようにしましょう。

物理的なモノや場所です。間違ってほしくないのは、**誰かに気分をアゲてもらおうとするのは違う**ということです。「友人に相談して元気になった」「セミナーに行って前向きになれた」というのは、その人への、あるいはその人の思考への依存です。常に冷静に、目の前の事実だけを見なければいけないのに、人の思考が入ってくることで、それができなくなってしまう危険性もあります。

人に相談することが悪いわけではありませんが、そのときには相手の話を鵜呑《うの》みにしたり、精神的に感化されたりしない気持ちの強さが必要です。落ち込んでしまっているときには、それが難しくなります。**自分だけで、自分の感情をコントロールできなければいけません。**

僕は、借金でどうしようもなくなって気持ちが沈んだとき、よく東京タワーに上っていました。そこから六本木ヒルズを見て、「いつか絶対住んでやるんだ!」と自分の気持ちをアゲていました。入場料は数百円。安い投資です。

自分を奮い立たせるときには、大いに感情に着目しましょう。こんな生活がしたい、あれが欲しい。そうした気持ちがモチベーションにもなります。

みんな、金持ちになったらこうしたいな、というのがあると思います。住む場所ではなくても、車でも、欲しいモノでもなんでもいいと思います。スポーツカーに乗りたいからディーラーに行ってみるのもいい。ブランド服が欲しいならお店に行って試着してみるのもいい。自分の原点に返れる条件を、自分でつくってしまいましょう。

お金にとらわれない考え方

できる限りお金を使わない

商売をやる以上、お金は必ず先に動きます。**儲ける前に払わなければいけない。これが原則**です。受注してから商品を作ったり仕入れたりするモデルもありますが、初期投資含め、先に払って後から回収するという構造自体は崩すことができません。

でも、誰だって自分の身銭を切るのはイヤですよね。僕もイヤです。だったら**できる限りお金を使わない方法を考えましょう**。

もし、いまお金がなくて、特に商売のイメージもないのであれば、まずは貯金しましょう。毎月3万円貯金すると決めたら、給料から最初に3万円を別口座に入れておく。その口座には手を付けずに、残ったお金で生活していく。10カ月貯めたら30万円です。十分にスタート可能です。

小さなテストであれば、1万円でもできてしまいます。生活がカツカツで、それくらいのお金も用意できないというのであれば、本業の終業後や休日にアルバイトをしてタネ銭をつくることもできます。いまは簡単に副業でタネ銭をつくれる環境が揃っています。この本の巻末にそのアイデアを紹介する案内を載せているので、参考にしてみてください。

タネ銭づくりもしたくないとなると、もう商売はやめときなさい、という話です。そんなにうまくはいきません。いまのままの人生を過ごしましょう。ここでこの本を閉じて、メルカリで売りましょう。何百円かにはなります。多分。

ちょっと厳しいことを言いますが、**お金を稼ぎたいのに1円も身銭は切りたくないという人は、どんな商売をやっても結果を出すことができません**。でも、現状に満足していなかったり、将来に不安を感じていたりするから、この本を買ってくれたのだと思います。つまり、すでにお金を稼ぐためにお金を使っているんです。

とにかくお金を使うことをためらってはダメです。**いまの1万円を元手に、これか**

ら5万円、10万円、100万円にしていくんです。その最初の1万円を惜しんでしまうと、何も変えようがありません。

必ずリターンがあるわけではない

お金を使わないとお金を稼げない。でも**お金を使ったからといって、必ずリターンをもたらすかといったら、残念ながらそんなことはありません。**

いいと思ってお金を使ってみても、捨ててしまう結果になる場合もあります。とりあえずの結果が出たときには正しく見えても、その先で考えてみたら間違いだったということもあります。

特に副業や起業したばかりの頃は判断基準も曖昧《あいまい》なので、うまくいかない可能性のほうが高いです。だからこそ、最小限の金額で小さなテストを重ねて、一つひとつの選択肢をつぶしていきます。

仮に10万円を広告費に使うとして、一度に10万円使う必要はありません。10種類のチラシを1万円ずつ試せば、10回テストすることができます。九つうまくいかなかったとしても一つ反応があるかもしれません。その一つを見つけたら、そこに次は3万円使ってみます。それでまた反応があったら、今度は5万円使ってみる。そうやって**お金を回しながらお金を生み出していく**んです。

そう聞けば理解できるはずなのに、みんな出ていったお金のことをすごく気にしてしまいます。テストのためにと割り切ってお金を使ったのに、ずっとそのことが頭から離れません。「あそこで広告にお金を使ったけど、まったくリターンはなかった。あんな広告打つんじゃなかった」。愚痴《ぐち》っても仕方ないわけです。結果が出なかったなら、次のテストをすればいいだけです。

それに、まだ**入ってきていないお金をアテにする人もいます**。大きな契約が取れそうだ、というだけで「来月には100万円入るだろうから大丈夫」と、気持ちだけが大きくなってしまう。確実に入金されるまで、気を抜いてはいけません。

お金の出入りに気持ちを引っ張られると、精神的に削られてしまいます。お金は単なる数字でしかありません。求めるものはお金であってもいいですが、それにとらわれ過ぎてはいけないんです。

破産が怖くて限界まで借金した

お金がないということは、お金がないという事実以上の何事でもありません。無理に借金を勧めるわけではありませんが、お金がなくても借金して次の手を打てるならそれでよし、というくらいの感覚でもいいと思います。

僕が借金をしていた頃は、借りては返す、借りては返すの繰り返しでした。借金は返さなければいけないから、また借ります。借金が追いかけてくるよりも速く走って逃げていたんです。半分やけくその、現実逃避です。だってどうしようもありません。あるとき「このまま行けば、近い将来に破産だな……」と、我に返りました。そこで初めて現実と向き合いました。

そのときの金利がマックスで年率24・8パーセント。500万円借りて毎月10万円払い続けていたら、実質的に1500万円以上借りているのと同じです。わけがわかりません。

でもそこで考えました。

「500万円の借金が600万や700万円になったところで、僕の人生に何か影響があるか？」

答えはノーでした。だったら「毒を以《もっ》て毒を制す」です。限界まで借金をして、それを元手にビジネスを始めました。借金の合計は最大で1000万円くらいになっていたと思います。いま思い返すとゾッとします。

売り上げが落ちこむ＝後退ではない

僕と同じようにすることは絶対にお勧めしません。まず、毎日が楽しくありません。いつも不安を感じます。だんだんと自分がポンコツに思えてきます。実際にポンコツです。自分で自分を殴りたくなります。殴ってもどうしようもないので、ふて寝します。お酒に逃げたくなりますが、お金がありません。**ついには子どもの寝顔を見て「こんなお父さんでごめんなあ」と涙を流すようになります。**泣いたところで現実は何も変わりません。

でも、あのときチャレンジしていなかったら、いまの自分はいません。借金が結果的に僕を再起へと導いてくれたとも言えます。

こんなワケのわからない経験をしてきたから、**「お金は大事だけど、お金にとらわれてはダメ」と言えます**。売り上げが上がる、下がる、借金する、返す。事実をしっかり見ていくことは大事ですが、そこに感情を入れるとしんどくなります。気にし過ぎてはいけません。単なる事実として見る。「今日の晩御飯はイカか」くらいの感覚でちょうどいいんです。

商売をつくり上げていく中では、多かれ少なかれ、**金銭的に落ち込むことがあります。そのとき、後退したと考える必要はありません**。

最初にお話ししたように、ビビりの商売では、できる限り少ないリスクでスタートします。その段階で多額の借金を背負わなければならないなんてことはありません。

商売を始めて、**もし、うまくいかなかったとしても、スタート前より確実にお金を稼ぎ出す力が身に付いています**。最初のチャレンジで稼げなかったとしても、自分自身は大きく前に進んでいるんです。

まずは動く。それから学ぶ

ビジネス理論はいらない

起業しようと考えると、みんなまず「お勉強」しようとします。もちろん学びは大切ですが、気を付けなければならないことがあります。

本屋さんに行けば、たくさんのビジネス書が並んでいます。そこに書かれていることはもちろん正しいのでしょうが、それらを**学んだからといって、現場で役に立つかどうかはわかりません。**

第1章でもお話ししましたが、ビジネス理論の多くは、大規模でのビジネスを前提にしています。やることの数や量が増えて絡み合うと、不確定要素が増えていきます。

それを効率的にコントロールするためにノウハウが必要になる。それが理論になるわけです。

会社の中で強い決定権を持つような立場であれば、組織論や高度なマーケティング理論が役に立つこともあるかもしれません。でもビビりの商売では、特に初期では役に立ちません。

ある程度結果を出せるようになれば、商売のステージが上がります。より広い範囲で物事を考えていくことが必要になる。そこで初めてビジネス理論が役立つのであって、最初から理論ばかりを学んでも、結果は出ません。

教養として知識を持っておくことに損はないと思いますが、その**勉強にかける時間があるなら、まずは行動すること**が大事です。

例えば「ペルソナ」という考え方があります。性別、年齢、行動様式など、ものすごく明確に仮想のお客さんを描く。そしてそのペルソナに合う商品や広告を考える。そんなの考えているヒマがあったら、1人でもいいからリアルなお客さんの声を聞きましょう。そのほうが結果が出るまでのスピードが速まります。

勉強のために起業セミナーに行く人もいます。初めは不安があるのはわかります。

ただ、**僕たちが知りたいのは、「売れるかどうか」だけ**です。株式会社がいいのか個人事業主がいいのか、税金はどうするのか。そんなことは、知らなくてもなんとでもなります。知識で武装するよりも、売ってみるほうがよっぽど身になるんです。

必要なことを必要なときに学ぶ

もちろん、何も学ばなくてもいいというわけではありません。新しいことを始めるなら、最低限の知識は必要です。例えばチラシを作ろうとするなら、基礎的なチラシの構造や文章のコツくらいは勉強したほうがいいでしょう。

簡単に言えば、**目的を持って学ぼう**ということです。初期段階で必要なのは、商売で結果を出すための学びだけです。学問としての学びはいりません。言葉にすると当たり前ですが、これをごちゃまぜにしてしまう人が意外と多い。

僕が人材派遣会社の営業として働いていたとき、たまたま車を駐めた本屋でパラパラと本をめくってみたら、そこに悩みを解決するヒントが書かれていました。書かれていることを実践したら、少しずつ結果が出るようになりました。それからも自己啓発やビジネス系の本を読んで、とりあえず書かれていることを片っ端から試していきました。

最初に出会った本が役に立ったのは、経験の浅い営業マン向けに書かれたものだったからです。そのときの僕が必要としていた知識だったわけです。これがコトラーのマーケティング理論だったら、難しいなとしか感じなかったはずです。またしばらく、うだつの上がらない営業マンを続けていたと思います。

人はやってみないと何がわからないのか、何が必要なのかがわかりません。動いてみて初めて、必要な知識がわかります。

僕の場合は、人材派遣会社を辞めてから、1年半くらい徹底的に学びと実践をするための時期をつくりました。社会で勝負してみて、自分があまりにもポンコツだとわかったからです。まだ借金は残っていましたが、60万円のセミナーを受けたり、30万円の教材を買ったりしました。

そこで得たことはいまでも役に立っています。これがとにかく勉強が必要だからと目に付くセミナーを受けて、それだけで満足していたのであれば、単なるムダ使いで終わっていたはずです。

怖いから全部を理解したがる

例えば飲食店を始めるとします。最初はどうやって店舗を探して、内装業者を探して、仕入れ業者を探していいかわかりません。でも、実際には調べたら簡単にわかります。いまの時代、インターネットを使えばあっという間です。

「いまよりもいい接客をするためには？」「回転率を上げるためには？」「リピーターを増やすためには？」。これも最初はわかりませんが、必要だと感じたときに勉強すればいいわけです。それなのに、**すべてを知ってからでないと動けないという人がたくさんいます。**

人は、知らないことに対して不安や恐怖を感じます。それを拭うために、少しでも多くの情報を集めようとします。そうして学んでみると、どんどん新しい知識が降ってきます。すると自分が想像以上に無知であることに気付きます。だからまた不安になって、その不安を解消しようとしてさらに学びます。

それに、自分が知らなかったことを知るということは、知的欲求をどんどん満たしてくれます。それはとても楽しいことです。あれも知りたい、これも知りたい。次から次へと知りたいことが増えていきます。キリがありません。

いままでの人生を振り返ればわかると思います。**スタートする前は不安に思っていたことでも、実際に始めてしまえば大したハードルではなかった**ということがほとんどです。

商売では、すべての要素が完璧に揃った状態なんてあり得ません。誰かが準備をしてくれることもありません。**しっかりと足場を整えてからと考えているうちに、チャンスは逃げていってしまう**んです。

学んだことが正しいとは限らない

正解は現実にしかない

「知識」と「知恵」という言葉があります。よくいわれることですが、知識だけでは役に立ちません。**知識は経験と一緒になって初めて知恵に変えることができます。**

実際に動いてみることで、必要な知識がわかる。そして学ぶ。でもそれだけでは、身に付いたとは言えません。**大切なのは学んだ知識を第三者にぶつけて反応を得ること**です。

コピーライティングの勉強をして、チラシを作る。それだけでは何にもなりません。すぐにお客さんにぶつけて反応を見なければいけません。まず作って、ぶつけて、反応が悪ければ修正する。これを繰り返して精度を高めていきます。そこで初めて、学んだことが正しいとわかります。知識はアウトプットしなければ、理解できないんです。

ただしこのとき、間違ってはいけないことがあります。**自分が学んだことが正しいとは限らない**ということです。本に書かれていることは、真実ではないのかもしれない。正しく言えば、自分にとっての正解かどうかはわかりません。あくまで一つのヒントと考えなければいけない。

本に書かれていたことを試したら、その内容と矛盾する出来事が起きた。その場合、正しいのは現実で起きたことです。僕たちが信じなければいけないのは、あくまで現実です。

でも自分が学んだことは、どうしても正しいものだと思い込んでしまう。人は特に、いちばん初めに触れた情報に強い影響を受けてしまいます。

例えば、昔からいわれていることに、「センミツの法則」というものがあります。いろいろな意味を持つ言葉ですが、1000枚チラシを撒いたら3件の問い合わせが来るという意味でも使われます。

これをいまだに口にする人がいます。失礼な言い方をすれば、何とかの一つ覚えです。いまはネットで情報を集める人も多くいます。チラシの内容を見ずに捨てる人もいますし、そもそもポストを開けることすらしない人もいます。それなのに、ずっと昔からの理屈を持ち出しても意味がありません。

チラシがダメという話ではありません。実際にチラシを撒いて出た反応がすべてだ、ということです。１０００枚チラシを撒いて反応が1だったとしても、10だったとしても、それが事実です。

事実に裏付けされていない基準を持つと、それに自分が振り回されてしまいます。

本来ならもっと反応を上げる方法があるのに、基準より多いからこれでＯＫと考えてしまう。まだ工夫できるのに、少ないからこれは無理だとその可能性をつぶしてしまう。事実を基準にしているようで、これも主観が入り込んでしまっているんです。

誰もがポジショントークだと知る

いろいろな分野で、いろいろなビジネスをしている人たちがいます。そこで成功を収めた一部の人たちが、自分のノウハウを世の中に発信しています。そのどれが正しくて間違っているということはありません。ノウハウをつくった本人が結果を出している以上、それぞれ正しいとも言えます。でも**鵜呑みは危険**です。中には、何の結果も出していないのに、まるで億万長者であるかのように見せている人もたくさんいます。

わかっておかなければいけないのは、**結局誰もがポジショントーク**だということです。

例えば、仲のいい同性の友人を異性の友人に紹介するとき、悪く言う人はいないと思います。自分が紹介相手のことを好きなら別ですね。とことん悪く言うかもしれません。

でも、多くの場合は、友人同士が仲よくなって欲しい、自分の友人はいい人が多いと思ってもらいたい、それに変なことを言って嫌われたくないという心理も働いて、それぞれのいいところだけを紹介します。

これがポジショントークです。

発信された情報の裏には、さまざまな思惑《おもわく》があります。自分やその関係者にとって有利に働くように、どこかでバイアス（思考の偏り）がかかっています。

それに、どんな成功者でも、打つ手打つ手、すべてがうまくいっているということはありません。すべてを伝えることは物理的に不可能ですし、記憶も曖昧になります。曖昧になった記憶はどこかで美化されます。

だから、うまくいく方法だけを集めるのではなく、うまくいかなかった理由も知らなければいけません。その差はどこから出たものなのか、その裏にある思考を知ることが大事です。

僕がこの本でお話ししていることも、必ずどこかでポジショントークになっていると思ってください。もちろん悪いことは考えていませんが、その情報をどう取捨選択するのかは、読者のみなさんに委ねるしかありません。

ビジネス書を出すような人でなくても、いまはインターネットで簡単に情報発信ができる時代です。「1億総ポジショントーク」と考えてもいい。どんな情報であっても、**発信者それぞれの立場を見分けて、偏らないことが大事**です。

自分の人生は自分で決められる

サラリーマンの感覚を捨てる

この本を読んでくれているのは、会社員の人が多いと思います。毎日ビジネスの現場で、がんばっていることでしょう。満員電車に揺られ、上司に文句を言われ、取引先にも怒られ、家に帰れば家族はもう寝ていて、冷たいごはんを1人で……なんて状況で読んでくれているのかもしれません。大変ですよね。

サラリーマンも経営者も、ビジネスで収益を上げるという意味では、同じ目的を持っています。でも、経営者とサラリーマンでは、求められることが大きく違います。

起業するということは、人を雇わなくても、法人化しなくても、経営者になるという

ことです。

そこでは、**会社員としての感覚が邪魔をする**ことがあります。

例えば、サラリーマンが店探しのために、週末に不動産屋さんに足を運ぼうと考えていました。でも仕事が忙しくなって、残業続き。当日は疲れも溜まって昼過ぎまで寝ている。「なんか疲れが取れないから、来週でいいや」と先送りします。店探しに限らず、よくありそうな話です。

これは**優先順位をまるで間違ってしまっています。**店を出したいなら、それに必要な行動を何より優先すべきです。残業になった、疲れた、眠い。そんなことで優先順位を変えてしまってはいけません。

「いまこれをやらなければいけない」というときに、大好きな異性からデートのお誘いがあったとして、どっちを取るか。デートに行きたいですよね。当たり前ですね。サラリーマンであれば、目の前の仕事を放り出してデートに行っても、どうにかなってしまいます。会社に行けばイヤなこともたくさんあるけれど、それでもデスクに座って仕事していれば、給料はもらえるわけです。

デートに行きたいのは経営者も同じです。それを自制できるかどうかです。経営者が「仕事に行きたくないな」「仕事したくないな」と言った瞬間に、売り上げはゼロになってしまいます。デートの誘いのＬＩＮＥを震える指で断って、声にならない声を上げて、歯を食いしばって仕事します。

眠いから寝よう、疲れたから休もう。厳しい言い方になるかもしれませんが、そうした感覚を捨てなければいけません。「寝ずに働け！」というわけではなく、何を差し置いても仕事を優先しなければいけないときがある。そのくらい強い責任が伴うということです。だからこそ、大きな結果を手にすることも可能なんです。

失敗して落ちこむのは自分で選ばないから

サラリーマンは、自分がどう働くか、どんな仕事をするかの決定権を、自分で持てません。仕事の内容や進め方だけではなくて、働く場所や時間、休日、給料、上司や部下、働く部署、仕事内容、極端に言えばすべてが決められています。

そのことに疑問を持たないままでいると、自分の人生を自分で決めることができなくなってしまいます。会社がなくなってしまったときや会社で働けなくなったときに、どうすればいいのかがわかりません。

経営者になれば、強制的に意思決定をしなければいけない環境に身を置くことになります。何を売るか、いくらにするか、どこで売るか、規模を拡大するか縮小するか、撤退するか。それらのどれから手を付けるべきかという優先順位。全部自分で決めなければいけません。自分が切った手札に対するレスポンスが、如実《にょじつ》に表れるんです。結果に対する責任はすべて自分。人のせいにはできません。

正解を知らないのに全部自分で決めないといけない。ここまで自分の主観を入れるなと話してきましたが、客観的な事実だけを冷静に見て、分析し、答えを出す。この基準は同じでも、どんな商売をつくるのかは人それぞれに違います。自分の商売をできるのは自分だけ。**「超客観的なマイルール」が必要**なんです。

これは人生でも同じです。自由であると同時に、責任も伴います。手に入れたい未来を自分で考えて、目標設定して、実行して、達成しなければいけません。その道を正しく進んでいるかも、自分で評価していかなければいけません。

しんどいことですが、自分が決めたことであれば、うまくいかなかったとしても、きちんとあきらめが付くようになります。「ダメならダメでしょうがない。次をがんばろう」と考えることができる。他者に依存したり、他者と比べたりしてしまうから、必要以上に落ち込んでしまうんです。

僕はこれを「セルフリーダーシップ」と呼んでいます。会社員にとってもセルフリーダーシップは必要です。**会社や社会や政治が、一生自分や自分の家族を守ってくれることはありません。**「正解のない時代」「人生100年時代」といわれているいまだからこそ、自分の人生を自分らしく生きるために必要な力です。

ある面では生きにくい社会になってしまったのかもしれません。でも、別の見方をすれば、**自分の人生を自分の思うようにつくり上げていくことができる**ということでもある。好きなように決めていいんです。

他人の言葉に耳を貸すな

批判や心配は無視する

人は知らない世界に対して不安や恐怖を覚えます。だから他人が何かを始めようとすると、多くの場合批判します。恐怖の対象に向かっていくことは間違いだと考えるわけです。

もちろん心配もあるでしょう。近くにいる人は、グータラな自分を知っています。酔っぱらって帰って来て、玄関で寝ている姿を見ています。関係性が近ければ近いほど、どうしても良いところではなく悪いところに目が行きます。だから「ポンコツのお前が起業なんてできるわけないだろう」と言われてしまうわけです。

でも、そうした言葉をまともに受け止める必要はありません。**批判する人、心配する人は、自分がいまから進む分野のことは何も知りません。**自分と比べて熱量と情報量が圧倒的に少ない人を論破しようとしても時間のムダです。彼らは知らないことを理解しようとはせず、「危ないから」としか言いません。

僕が中古着物ビジネスを始めたとき、ある知人経営者は「金にならないからやめたほうがいい」と言いました。「１枚いくら」と高い値段が付く着物はほんの一部。それ以外は二束三文にしかなりません。仮に１枚１００円で売れたとして、月に50万円稼ごうとしたら５０００枚集めなければいけない。それをこれから何年も続けられるわけがないということです。

確かに毎月５０００枚の着物を集め続けるのは現実的ではありません。でも、僕はそこまで大量ではないにしても、着物を集めることができていましたし、それをお金にすることもできていました。お客さんがお金を払ってくれるということは、知恵を絞っていくことで、さらにたくさんのお金に換えられる可能性があるということです。

放置自転車ビジネスを始めたときもそうです。いまでこそ「すごいビジネスやってるね」と言われるようになりましたが、立ち上げ当初は誰にも理解されませんでした。そんなのお金になるの？　不用品回収のほうがいいじゃん。放置自転車なんてどこにもないよ。そんなのうまくいくわけないよ。

でも、当時日本の年間出生数は約１０５万人。新品の自転車は年間１１００万台以上生産されていました（ともに２０１１年の数字）。使われない自転車があるのは明らかです。放置自転車問題に困っている人がいることも調べていました。それに、新品がたくさん売れると中古市場も活性化します。すべて事実として把握していたんです。

他人の意見を参考にするのはいいですが、目を向けるべきなのはやっぱり目の前の事実だけです。他人の批判に反論すると、また反論が返ってきます。何をしたって反論はある。だから論破しようとするだけムダなんです。

特に初期は他人の意見が危ない

他人の意見は、参考程度と考えましょう。ただ、特に**商売を始める頃は、その「参考程度」も危険**です。初期段階では自分の考えが固まっていません。いい意味では柔軟性がある状態ですが、悪く言えば自分のルールが確立していない、情報の取捨選択ができない状態です。

そうしたときに、他人から「こうしたほうがいい」「それはダメだ」と言われると、その意見が自分の頭の中に入ってきて、無意識に足かせを作ってしまう場合があります。

たいていの場合、聞いてもいないのに必要以上にアドバイスしてくる人たちは、単なる教えたがりです。大した実績を出していないのに、どこかで聞きかじった話をして知識をひけらかしたいだけです。

きちんと結果を出している人は、誰にも自分で考えなければいけない時期があることを知っています。だからヒントは与えてくれますが、むやみやたらにアドバイスはしません。

みんなが同じことを言うわけではなく、本当に正しいかどうかわからないことをいろいろと言われる。そうすると、どこに進んでいいのかわからなくなってしまいます。迷いは不安と恐怖を生み出します。不安を打ち消すために、さらに新たに情報を集めます。そうして思考がブレブレになってしまいます。

ただし、人の意見を聞かないことで自分の主観から抜け出せなくなるという危険性もあります。とてもバランスが難しいですが、人の意見につぶされるくらいであれば、自分で考えたことを形にして失敗したほうが、まだマシだと思います。

言葉のシャワーに惑わされない

自分の人生の決定権は自分で持っていいんです。誰かの思考や発言を判断の基準にしてはいけません。必ずしも行動が必要だというわけではなくて、自分で考えていまは動かないという判断であれば、それでもいいわけです。

この本では起業で失敗しない手法と考え方をお話ししているわけですが、誰もが起業しなければいけないとは思いません。そもそも論になりますが、現在のままでも幸せを感じられるなら、無理に動く必要はないわけです。

皮肉に聞こえるかもしれませんが、気付かない幸せもあります。極端な話、ブラック企業で働いていて、残業100時間を超えて毎週休日出勤していても、どこかでホッとする時間があって、幸せを感じられるならそれでいいのかもしれません。価値観は人それぞれです。

でもいまの世の中からは、「会社員が危ない！」「終身雇用の崩壊！」なんて言葉がたくさん聞こえてきます。それくらいならまだいいにしても、最近よく目にするのが「社畜」という言葉です。「社畜から抜け出せ」「社畜にならないために」。なんとなく「いまのままはイヤだな」と感じ始めた人に対して、**いろいろな方向から「いまのままじゃダメだ！」という言葉のシャワーが浴びせられる**わけです。

この状況をさらに大きくしているのが、ネットの存在です。ネットは多くの情報に触れることができる便利なツールですが、危険もあります。

ネットに接している間、僕たちは周囲を遮断しています。自分が求めている情報だけに意識が向いて、思考が偏ります。そうして視野が狭くなって、そこに書かれていることが正しいと思い込んでしまいます。

そのままどんどん潜り込んでいくと、今度は自分しか見えなくなってしまいます。言葉のシャワーを浴び続け、「俺は社畜になんかならないぞ。俺だけはほかの奴らとは違うんだ！」と、根拠もなしに飛び出してしまう。起業に限らず、転職や副業など、他人の言葉に踊らされて失敗するケースはたくさんあると思います。

人は自分で意思決定をしているつもりでも、必ずどこかで他者から何らかの影響を受けています。ニュースであったり、ネットの情報であったり、誰かの何気ないひと言であったり、本であったり。だから、自分の考えは何がもとになっているかをしっかりと把握する必要があります。

人生はすべて自分の思考の結果です。自分がイメージした通りにしかならない。どんな道を選ぶにしても、そのことを忘れてはいけません。

第3章
「何を売るか」を決める基準

商売のタネの見つけ方

商売は問題解決を代行すること

ビビりの商売ではどんな商品やサービスでも大丈夫だとお話ししてきましたが、何でもいいと言われても、何を選んだらいいのかわからないという人もいる思います。

この章では、まずどうやって自分の商売を選び、形にしていくかを考えます。

商売をつくり上げていく過程では、気を付けておかなければいけないことがたくさんあります。その危険をすべて避けることはできませんが、いくつかの大事な基準を持っておくだけで、失敗する可能性を格段に下げることができます。そのことについてもお話ししていきます。

また、ここからは、わかりやすく商品としてのモノを売ることを考えていきます。サービスを売る、空間を売る、体験を売る。商売にはいろいろな種類がありますが、やり方は同じです。

もし、いま何か取り扱いたい商品やサービスがあれば、それをイメージしながら読んでください。まったくイメージがなくても大丈夫です。

まずは**「商売ってなんだっけ」**から考えてみます。

世の中の商売はすべて、問題解決の代行で成り立っています。わかりやすい例で言えば、水道の水漏れを止める、壊れたパソコンを修理する。美容師は髪が伸びたという問題を解決しています。飲食店も、「お腹が減った」「お酒を飲みたい」といった問題を感じた人が行くわけです。問題の大きさや深刻さという違いはあるにしろ、みんな何かしらの問題を解決してもらうために、お金を払います。

問題には、「無知」「無関心」「問題認識」「痛み」の四つの深さがあります。「無知」は知らない。「無関心」は知っているけれど興味がない。「問題認識」は解決させたいと感じている。「痛み」はいますぐ解決させなければいけない緊急の問題です。

痛みを感じている人にアプローチすれば、いくらでもお金を払います。よく聞く例えは、「砂漠で喉がカラカラの人に水を売る」ということですね。これができれば最高ですが、ライバルも多くて大変です。

商売として次にやりやすいのが、**問題をすでに認識している人に、その解決策を売ること**です。客層としては、ここがいちばん多くなります。

例えばダイエットサプリです。みんなサプリそのものが欲しくて買うわけじゃありません。「モテない」「健康が不安」「キレイになりたい」という問題を解決するために、サプリを買うわけです。

その商品やサービスをそのまま考えるのではなく、どんな問題を解決できるものなのか、という視点で見るとわかりやすくなります。実際に商売を始めて売るときにも、それをはっきりと認識しているだけで、何を打ち出すべきかがわかります。

ダイエットサプリの値段を表示して、その味や安全性をいくら説明しても買ってくれる可能性は低いはずです。**人はどんな問題が解決されるか、そしてその問題解決によって得られる未来に期待をするからこそ、お金を払います。**「キレイに痩せて、10

才若く見られます」「内臓脂肪を減らして、健康になれます」「スタイルがよくなって、あなたを見る周囲の目が変わります」と打ち出すことで、買う人の意識により強く届くわけです。

「どんな問題があるか」を探す

この世の中に商品としてある以上、何らかの問題を解決するものではあるはずです。読者のみなさんがイメージする商品も、きっとそうだと思います。

でも**実際に売ってみるまでは、それにお金を払ってくれる人がいるのか、どれくらいのお金になるのかはわかりません。**売れたとしても、生活できるだけのお金にならなければどうしようもないわけです。

ビビりの商売として軌道に乗せるためには、いくつか条件があります。それらに適《かな》うかどうかを見極めるために、テストを重ねていきます。その条件やテストについてはこの後に詳しく話しますが、確率論としても、最初に目を付けた商品で形も変えずにずっとやっていけるということは、まずないと思います。

だったら**商品から考えるのではなく、「世の中にはどんな問題があるのか」を探すほうが早道**です。大きなニーズを知って、その問題解決ができる商品やサービスを提供すれば、失敗の確率は大きく下げることができます。

そのためにどうすればいいか。入口は簡単です。矛盾するようですが、**どんな商品やサービスでもいいので、まず売ってみましょう。**

例えばお菓子好きの人が、チーズケーキを売ってみたいと考えたとします。できれば自分と関係のない第三者に売るのがいいですが、いきなりだとハードルが高いので、まずは友人でもいいし、会社の同僚でもいい。会社の中だと問題あるかもしれませんが、バレないように売ってみましょう。

それで誰かが買ってくれたのであれば、何らかの問題を解決しているということです。この段階で、まずはチーズケーキを自分が扱う商品の候補にするのもアリです。

ただ、その後テストを重ねていく中でダメだったとき、次に何の商品を選ぶのかも考えなければいけません。それに、将来商売を人に任せて次の展開を考える上でも、別の商品を考えておくことは大事です。そもそも、チーズケーキ以外にもっといい商品があるかもしれません。「絶対にチーズケーキを売るんだ！」と、**決め打ちせずに、軽い気持ちで可能性を探りましょう。**

「類似と拡大」で可能性を見つける

最初に決めた商品でとりあえず進むにしても、別の商品を選ぶにしても、まずは買った人に「なぜ買ったのか」を聞きます。「チーズケーキが好きだから」と返って来たとして、それで満足してはいけません。知りたいのは、どんな問題を解決したかです。**何に困っているかを徹底的に聞いて把握していきましょう。**

例えば友達とのおしゃべりの時間に何か食べるものがあったほうがいいから、あるいは、忙しい毎日のちょっとした癒しのために、という問題（ニーズ）だとわかったとします。

であれば、チーズケーキでなくてもいいことがわかります。問題を解決できるのであれば何でもいい。前者であれば、クッキーでもシュークリームでも構いません。これを**「類似商品」**と考えます。後者の場合、考え方を広げれば、スパやマッサージでもいいかもしれません。これを**「拡大商品」**と考えます。ここで類似商品や拡大商品が見当たらなければ、問題を正しくつかめていないということです。

一つの商品から、問題や得たい結果を把握していくことで、類似商品や拡大商品はいくつでも考えられます。おしゃべりのため、癒しのため、小腹を満たすため。もう少し深く探っていくと、例えばそのお菓子が高級なものであれば、富裕層が欲しがるもの、という視点でも類似・拡大商品があることがわかります。商品やサービスは無限だという意味がわかるのではないでしょうか。

いままでの大量生産、大量消費の時代では、人が感じる問題がもっと明確で大きいものでした。どこに何を投げ込めばいいかがはっきりとしていたわけです。でも、いまはそうはいきません。人が感じる問題は無数にありますし、同じ問題を持つ人たちであっても、どう解決させたいかは微妙に異なります。

だからこそ、**まずは問題を深掘りすることが必要**になります。そこから商売のタネをつかむことができるんです。

避けたほうがいいビジネス

問題解決の視点を知ることで、扱うべき商品やサービスが具体的に見えてきます。そのどれを選んでも大丈夫ですが、避けたほうがいいものもあります。ここでは、そのことについて考えていきます。

「これだけやれば1000万円」みたいに、簡単にお金を稼げることをうたうビジネスがあります。一概には言えませんが、**やっぱりビジネスの本質を外している**ように思います。そんなにうまい話はありません。ビビりの商売でもスピードは大事ですが、今日やって明日すぐに驚くような結果が出るというものではありません。

次に、**「敗者」が存在するビジネス**です。

誰かが売り上げを上げれば誰かが損をするのは当たり前と思うかもしれませんが、**原則として、ビジネスでは他人の利益と自分の利益は矛盾しません。**ライバルが売り上げを伸ばすことで相対的に利益が食われることはあっても、直接的にこちらの現金を奪うことはできないわけです。

ビジネスとして扱うことには問題があるかもしれませんが、例えばFX。僕はやったことがないので批判もできませんが、あれは結局「ゼロサムゲーム」です。こっちが勝てばあっちが負ける。必ず勝者と敗者が存在します。

ビジネスではなくギャンブルに近い。だからどうしたって結果に一喜一憂してしまって、精神が削られます。勝っても負けても本当に気にしないという人でなければ難しいと思います。

そして、**信頼、信用を落とすビジネス**です。

違法ではなく、ギャンブル性が少なくても、悪いイメージを持つビジネスはたくさんあります。商売を始めた当初やお金がないときは、どうしても目先のお金に走ってしまいます。それは仕方のないことで、最初の資金をつくるためにと割り切って手を出す分には、問題ないかもしれません。

でもどっぷり浸かるのは危険です。商売を長く続けるために、**信頼や信用は最も手**

に入れることが難しく、価値あるリソースです。ここまで話したように、商売のタネは無限にあります。その中でわざわざ信頼を落とす可能性の高い商売をする必要はありません。

単純に、**「この商売やっています」と胸を張って言えるかどうか**だと思います。子どもに「お父さんはこんな仕事をしてるんだよ」と誇れるかどうか。金を稼げるからやっているだけで、そうでなければしたくない仕事であれば、選ばないほうがいいと思います。信頼や信用は人に付くものです。実直に商売をしていくしかないんです。

インターネットビジネスを考える

ネットではお客さんの反応が見えづらい

いま、**ビジネスを考える上でインターネットは外せません。**だからこそデメリットを理解した上で、戦略的に取り入れていく判断が必要です。

知識がないと難しく感じるかもしれませんが、インターネットビジネスはすぐに始められます。ＬＰ（商品やサービスを案内するための単体のページ）を作って広告を打てばアクセスも集められますし、反応がすぐにわかります。だからこそ、**多くの人が参入してきます。**

２０１９年にインターネット広告費は2兆円を超えました。すでにテレビ広告費

（約1兆8600億円）を上回っています。それだけ市場が大きくなっているということですが、広告費が高騰しているということでもあります。そうすると、**資本力のある企業が有利**です。

なるべく広告費をかけないようにしようとすると、SEO対策（検索結果を上位表示させる施策）も必要になります。ただ、収益を上げるまでには時間がかかりますし、きちんと上位表示させられるかもわかりません。上位表示されるかどうかのルールはGoogleやYahoo!の一存で変わるとも言えるわけです。世界基準となっているものにそんなことを言っても仕方ないと思われるかもしれませんが、規制が厳しくなる、SEOの基準が変わるといった変化は日常的に起きています。

もちろんメリットもあります。インターネットを活用したビジネスの人気の大きな要因は、SNSを活用することで個人でも簡単に多くの人にリーチできることです。集客の可能性が広がって、収益を上げやすくなります。しかもタダでできるのだから、やったほうがいいに決まっています。

ただ、多くの人が参入することで、ノウハウは一般化していきます。結果的に反応は落ちていきます。**成功する人がいるのと同時に、多くの人が結果を出せずにいる**という現実も無視できません。

「これだけやれば1000万円」みたいな話の多くは、ほとんどがネットビジネス絡みです。誰でもお金の不安はあると思います。でも、そんな話にダマされてはダメです。もちろんすべての情報を見たわけでも試したわけでもないので、完全否定はできません。でも、**うまい話には食えない話が多い**ということは、覚えておかなければいけないと思います。

ネットもリアルも本質は同じ

この本では、ネットビジネスについて、あまり触れていません。それは、**商売の本質はネットでもリアルでも変わらない**からです。ネットでもリアルでも、結果を出している人は、ビジネスの基礎や本質をしっかりと理解して、一発逆転を狙わずに、事実をコツコツと積み重ねています。

商売を構築していくときには、**ネットだけで完結させることは避けるべき**です。なぜなら、**お客さんの生の反応が見えづらいから**です。僕たちの商売にとって唯一の正解は「お客さんの生の反応」です。すべての答えはお客さんが持っている。インターネットでもコメントやレビューなどで反応を見ることはできますが、対面のメリットにはかないません。

いままであれば、例えば動画編集の技術を生かしたビジネスを立ち上げれば、それなりに儲かると思います。爆発的な流行の入口で、これからますます需要が増えていくでしょう。

ただ、それはあくまで手段であって、ビジネスのロジックをつくり上げられるかどうかは別の話です。**商売のロジックに最も必要なのがお客さんの声**なんです。

ネットの世界では毎日新しいビジネスが生まれ、ルールもどんどん更新されていきます。そこに大きな成功例があるし、新しいものは魅力的に見えます。だからみんな目を奪われてしまいます。

でも、いま覚えたノウハウが、すぐに役立たなくなる可能性もあります。流行の商品と同じです。旬を逃したらほとんど結果を出すことができません。いまからタピオカドリンク店を始めようとする人は少ないと思います。

無理に流行りを追わなくても、昔からのビジネスモデルはしっかり残っています。

ビビりの商売では、そちらに軸足を置いたほうが安心なんです。

ビビりの商売の大事な基準①
少ないお金でできるか

なるべく安く立ち上げる

ここからは、自分が選んだ商品が、ビビりの商売により適しているものかどうか、深掘りしていく基準についてお話ししていきます。何度も言いますが、基本的にビビりの商売では商品を問いません。ただ、どれだけのお金が欲しいかや、どれくらいのスピードでお金が欲しいかは、人によって違います。それを見極めるために重要なポイントを三つ紹介していきます。

最初に考えるべきなのは、**少ないお金でできる商売かどうか**です。

いかにお金をかけずにお金を生み出すかは、ビビりの商売の基本です。商売がうまくいかなくなる理由は、結局、損益分岐点が高くなってしまうからです。売り上げがあっても支払いが大きいから無理が出てくる。人件費や家賃、借金の返済など、毎月出ていくお金を低く抑えることを考えましょう。

まずは**商売を始めるときになるべくお金を使わない**ことです。「お金を使わないといけない」と思っていても、やり方次第で払わなくてよかったり、金額を低く抑えられたりすることはたくさんあります。徹底的に少ないお金で始める方法を考えましょう。

例えば、お店のお金です。都心で飲食店を出そうと思えば、すぐに1000万円以上はかかってしまいます。地方都市だって500万円は軽く超えると思います。でも、**移動販売や場所を間借りしての出店なら、10万円で始めることだって可能**です。

立派なお店を持つのは悪いことではありません。でも、それが目的ではないはずです。もし、「立派なお店を持つこと」が目的なら、お店ができた時点で目的達成、終了です。

ちゃんと稼ぐことを目的に起業するのであれば、お店の形はどうでもいいはずです。

ある程度形になってきたとき、次のステップとして出店を考えればいいんです。「1000万円あったら、独立できるのになあ」とか、「まだ200万円しか貯金がないから、起業したくてもできないよ」という人もいますが、そんなことはありません。

僕がアクセサリーショップを始めたときの開業資金は200万円でした。まあ、結果的にはダメだったわけですが。中古着物ビジネスでは、50万円くらい。放置自転車ビジネスでは、10万円もかかっていません。

小さく始めてお金が入ったらガンガン回す。そうやってお金を稼いでいくんです。

他者の力を借りまくる

お金をかけないための視点として、大切なのが**他人のリソースを使う**という視点です。商売を始めるとなると、借金してすべてを自分で揃える必要があると考える人が多いですが、そんなことはありません。

お店や事務所を構えようとするとき、必ずしも物件を借りる必要はありません。間借りしての出店のお話をしましたが、自分のオフィスを持たずに、別の事務所に机を置かせてもらうといったこともあります。スーパーの一角や店先を借りて商売をする人もいます。

ほかにも**アイデア次第でいくらでも出てきます**。

例えば他店にポスターを貼らせてもらったり、チラシを置かせてもらったり。宣伝費の節約になります。

僕の例で言えば、放置自転車ビジネスでは自転車を集めるためにトラックが必要ですが、最初は業者のトラックを借りていました。ガソリン代も払いません。保管場所も業者が借りている土地です。

その業者に、僕たちは集めた自転車を売ります。彼らはトラックと場所だけ用意しておけば、自転車を集める方法を考えなくていい。彼らにとって僕たちは勝手に自転車を集めてくれる業者なわけです。

人材そのものを借りてもいい。副業でプロパンガスの営業をしていたとき、保険会社の営業マンに一緒に売ってもらったことがあります。紹介をもらって契約が決まったらマージンを払います。そうして経費はかけずに営業組織をつくることもできます。

中古着物ビジネスでは、20店舗以上に委託販売として着物生地を置かせてもらいました。場所も人も自分で用意せずに、お金がチャリンチャリンです。

商売を始めるのに、必要以上のお金をかけることはありません。他人に借りたり手伝ったりしてもらえるなら、どんどんお願いします。「他人のリソースを借りられないかな」という視点を常に持っていましょう。

ビビリの商売の大事な基準②
お金の流れはいいか

お金の流れを見る五つのポイント

商売をする上で、お金のことを考えるのは、やっぱり大事です。ビビリの商売では、小資本で始められることがいちばん大事ですが、ほかにも抑えておきたいポイントがあります。商品を選ぶ上でも参考になるはずなので、ここで紹介しておきます。

ひと言で言えば、「お金の流れがいいかどうか」です。基準はいくつかありますが、主に次の五つを考えましょう。

①利益と売り上げのバランス

まずは売り上げと利益の構造を考えます。

当たり前の話ですが、単価の高い商品のほうが儲かります。毎月100万円売り上げようとして、100円の商品と1万円の商品と10万円の商品では、売らないといけない数が違います。

ただ、単価が高ければいいというわけではなくて、**大切なのは利益率**です。利益率の高い商品やサービスを扱ったほうが、商売を楽に進めていくことができます。

ターゲットによって、どの価格帯がいいかは一概に言い切れません。単価が安くて利幅を大きく取れないとしても、大ロットの取引先を開拓できれば商売はできます。逆に単価が高くても利幅が小さければ、売っても売っても利益が残りません。

ビビりの商売では、**薄利多売の商売を選択するよりも、少ない数でしっかりと利益の取れる商品のほうが有利**です。初めから不特定多数のお客さんに売ることは難しいからです。

とはいっても、利幅の大きい商品を扱うことは、そんなに簡単ではありません。一般的なビジネスを考えれば、どうしても原価率が30〜50パーセント程度になってしまうと思います。そうした商品を単純に売っていると、なかなか十分に儲けることができません。

みんな工夫しています。例えば、ライザップはダイエットだけを売っているわけではありません。プロテインやサプリメントなど、**継続して買ってもらえる商品を売ることで、瞬間的な売り上げと、継続的な利益を確保**しています。

あるいは、**安い商品でお客さんを集めて、後から利益の取れる高額商品を売る。サービスを商品と一緒に売る。**いろいろな方法で利益を最大化させていくことができます。利益と売り上げの仕組みを把握して、世の中のビジネスモデルを分析してみましょう。自分の商売の参考になるはずです。

②キャッシュポイントの数

次に、**どこでお金が生まれるか**です。

僕は商品やサービスがお金に変わる瞬間をキャッシュポイントと呼んでいます。「仕入れて売る」商売であれば、「売る」ところがキャッシュポイントになります。当たり前のこととして意識していない人が多いですが、とても重要です。

商品によってキャッシュポイントが一つのものもあれば、複数のものもあります。一つではダメだというわけではありませんが、**多ければ多いほど、お金を稼ぎやすくなります。**

例えば中古着物は、売ることもできればレンタルにすることもできます。後でお話ししますが、生地として売ることもできます。同じ商品であっても、キャッシュポイントが三つあるということです。放置自転車ビジネスでは中古販売、輸出、レンタル、鉄クズとして売る。四つもあることになります。

扱おうとする商品にキャッシュポイントが少ないのであれば、類似商品の中にキャッシュポイントの多いものがないか探してみてもいいでしょう。それに、一つの商品でも、「キャッシュポイントを増やす」という視点で見ると、別の売り方が見つかる場合もあります。

③入金スパン

起業して初めのうちは、多額のお金を回せません。小さく仕入れて、小さく売る。現金を高速で回して基盤をつくることになります。そのため、**売ってから現金になる**

までの時間、いわゆる入金スパンが短いほうが有利です。

モノを直接売る商売であれば、その場で現金が入るので問題ありませんが、ネット決済や法人相手の商売では、入金スパンをしっかりと把握して、無理がないかを確認しておかなければいけません。

ただ、**現金にこだわり過ぎるのも危険**です。最近はキャッシュレスも浸透してきましたが、これが全国的に普及することは避けられないでしょう。そこで「キャッシュレスは手数料がかかるから現金じゃないとダメだ」と言っても、お客さんが離れるだけです。なるべくリスクの少ないかたちで導入する方法を考えましょう。

④在庫回転期間

商品を売る場合、在庫のリスクは常に付いてきます。倉庫代や管理の意味もありますが、お金に換わるまでの時間もリスクです。在庫は在庫である限り、お金にはなりません。早く売って早く現金にしたいわけです。

よくあるのが、仕入れ単価を下げるためにたくさん仕入れるやり方です。確かに仕入れの数が多ければ多いほど単価は下がって利益も大きくなりますが、在庫の数が多い分、売り切るまでに時間がかかります。

特に商売の初期では、**単価が多少上がっても小ロットのほうが無難**です。どれくらいの期間で売り切れるかを計算して、売り上げとのバランスが悪くならないかを確認しながら仕入れるようにしましょう。

⑤投資回収までの期間

投資した金額を回収するまでに時間がかかる商売も危険です。

初期費用や顧客獲得のためにお金を使う必要はありますが、それがどれくらいの期間で回収できるかを考えなければいけません。例えば500万円をかけてお店を出したとして、その利益回収に10年かかるのであれば、リスクが高過ぎます。

あるいは、顧客獲得のための投資です。回収するのに時間がかかるようであれば、モデルを見直す必要があります。

いま、サブスクリプションモデルが注目されています。これは月額の客単価を低くする代わりに、継続してサービスを利用してもらうモデルです。時間をかけて費用を回収していきます。

毎月売り上げの見込みが立つので経営は楽になりますが、費用の回収が先になるので、キャッシュフローは悪くなります。資本力のある企業であれば勝負できますが、ビビりの商売では、費用回収に時間をかけ過ぎるのはよくありません。

投資するお金がどれくらいの期間で回収できるか、常に計算しておくことで、リスクを避けることができます。その期間**綱渡りになるようであれば、まだその投資の段階ではない**と判断しましょう。

数字で考える癖を付ける

僕が最初にやったアクセサリーショップは、毎月30万円くらい欲しいから、45万円の売り上げがあればいいな。毎日1万5000円なら売れるだろう。くらいの感覚しかありませんでした。

実際には、販促費なども含めた経費や、売り上げに届かなかったときの対応策など、もっと深い部分の数字を見なければいけなかったのに、「仕入れて売るだけなんだから、売れればいいんじゃね？」としか考えていなかったんです。

特に商売を始めるときは、物理的な形から作っていきたくなります。お店の外装や内装ですね。「どんなお店にしようかな」を考えるのはすごく楽しいです。前に向かって進んでいる実感も湧いてきます。

でも、**形から考え始めると、数字的に無理があるのにどこかで強引につじつまを合わせようとしてしまいます。**お金の計算をすればお店にそこまでお金をかけられないとわかるのに、ちゃんと考えずに理想だけでお金を使ってしまう。

まずはお金の流れを理解してから、ほかの要素を組み立てていきます。あくまで数字化できるところから判断して、どこかに無理があればきちんと考える。そうした順番で冷静に物事を見ていかなければいけません。

普段から、自分の商売だけでなく、ほかの商売も見ておきましょう。**経営者は、みんな数字で見る癖を付けています。**自分とは関係ないお店でも、ここの家賃は坪当たりいくらの賃料で、経費はこれくらい。売り上げがこれくらいかな、そうすると1日当たりこれくらいの利益か、と無意識に計算をしています。

日本マクドナルドの創業者、藤田田《でん》さんは、本社の各部屋に、その部屋の面積を掲示していたそうです。普段から面積の感覚を持っておくことで、店舗の広さを聞いただけで、その広さを瞬間的にイメージできる。そうした数字の感覚を社員にも身に付けさせるためだそうです。数字というと難しく感じてしまうかもしれませんが、こういった活用の仕方はとても参考になると思います。

数字の仮説を立てて、考えてみる。それが**正解かどうかは問題ではありません**。自分の主観や感情を入れず、判断基準を数字に落とし込んで表現する習慣を持つ。それがとても大事です。

ビビりの商売の大事な基準③
自分に決定権があるか

最も大事な基準

この章の締めくくりとして、**ビビりの商売をつくり上げる上での、いちばん大切な基準**についてお話しします。この基準は次の章でお話しする「テスト」の判断要素としても深く関わってきます。大事な話なので、いったん深呼吸してから読んでください。

ビビりの商売で最も大事な基準、それは、**商売をする上でのさまざまな選択肢を、自分の意思で選ぶことができるかどうか**です。

商売は、ただでさえ自分の考えている通りにはいきません。どんなに細かく手を打っていても、予測できないことがたくさん起こります。

だからこそ、あらゆる選択を自分でしていかなければいけません。**自分の意思とは無関係に動く要素があればあるほど、商売はアヤフヤな、危ういものになっていきます。**

まずは、**そもそも自分に決定権があるかどうか**です。

最終的に商品を買うか買わないか、この決定権はお客さんにあります。僕たちは委ねることしかできないんです。だからこそ、その手前では徹底的に自分で決定権を持てるようにしなければいけません。**お客さんが商品を手に取って、買うか買わないかを考える。そこまでの過程でできる限りのことをして、少しでも成功確率を上げておかなければいけない**わけです。

会社には上司や経営者、それに株主がいます。一社員が彼ら以上の決定権を持つことはできないでしょう。テストを重ねて、成功確率を上げるための方法がわかった。その事実だけを判断基準に選択しなければいけないのに、決定権が自分になければ実際には何もできません。

会社に限らず、**自分が経営者であっても、決定権が持てないことはたくさんあります。**

例えば下請けの仕事です。下請けにもメリットはあります。継続的に仕事をもらえる関係ができれば、集客を考える必要はありません。でも、何をするにしても発注元の考えが優先されます。

ショッピングモールなどのテナントに入ることでも、決定権を持てなくなる要素が出てきます。もちろんテナントにも、集客がやりやすかったり、すでに売る環境が出来ていたりとメリットはたくさんありますが、一方で制約も多いです。休日や営業時間を合わせなければいけないし、ヒマな時期や時間帯でも、人を置いて店を開け続けなければいけません。広告も自分の思い通りには出せません。売り上げが思うように伸びなければ、契約解除です。

逆に外注先に決定権を持たれることもあります。例えば営業代行会社に営業を丸投げしている場合、もし営業結果が出なければ売り上げは上がりません。

商売をつくり上げていく上では、誰が決定権を持つのかを常に考えるようにしましょう。

余計な人脈は足かせになる

起業を考えるとき**「人脈が重要だ」というようなことがよく言われます。でもその意識は1ミリもいりません。**必要なときに必要な人を集めてチームを組めばいいんです。

大事なのは自分が決定権を持つことです。意見が割れたときに、抵抗なくこちらの意見を通せる関係でなければうまくいきません。相手との付き合いが長くなると、「今回は無理を聞いてあげよう」「ちょっと頼みづらいな」ということがどうしても出てきます。自分の出した答えだけを冷静に実行しなければいけないのに、こうしたしがらみはマイナスでしかありません。

自分がやってほしいことをちゃんとやってくれる相手であればいいわけです。僕は他人と何か新しいことを始めるときは、適当にこの会社よさそうだなとか、この人面白そうだなと選びます。それで直接会って話して、僕のやってほしいことをできる人か、ちゃんとやってくれるかどうかを聞きます。ズバズバ聞くので、「土足で踏み込んでくるね」と言われることもありますが、知りたいのはそれだけです。

聞いてみて、ダメならダメ、ＯＫならＯＫです。ここに、「ちょっと話通じないけど、よさそうな人だから、頼んでみようかな」とか、余計な感情を入れてしまうと、絶対にうまくいきません。

実際にやってみてからも、イマイチならバイバイです。文章にすると冷たく聞こえるかもしれませんが、プロジェクトがコケてしまえば、元も子もありません。それを誰の責任にもできない。だから本気で考えて、実行しなければいけません。

ただし、**人脈がいらないというのは、人を大事にしないということではありません。**

人が１人では生きられないように、商売も１人ではできません。必ず周りの力が必要です。人を集める力は、最も大切なことの一つです。そのためには、思いっきり感情を出したほうがいい。僕は誰かがやってくれたことに対して大げさなくらい感謝を伝えます。ちょっとしたところで言えば、事あるごとに手土産を持っていきます。仕事に限らずプライベートでもお祝い事があればプレゼントを渡して、「おめでとう！」とお祝いします。

商売は感情を持った人と人とが協力してするものです。それを変えることはできません。判断はドライに。でも信用し合える関係をつくることが大事です。

コントロールできない要素を排除する

立場上、決定権を持つことができていても、人が増えることで実質的にコントロールできなくなる場合もあります。

まず、**物事を決めるときに多くの人が絡むと、なかなか話がまとまらなくなります。**みんなの意見を聞きながらいいものをつくっていくという考え方もありますが、ビビりの商売では自分が決定権を持てなければいけません。自分で決めると思っていても、毎日がんばってくれるスタッフからの意見があれば、聞かなければいけないことも出てきます。

それに、**マネジメントの問題**もあります。

僕が中古着物ビジネスを始めた頃は、会社の規模を大きくすることが正解だと思っていました。規模が大きくなれば、優秀な人たちが集まってくる。いずれは自分が働かなくてもよくなるんじゃないか。間違って上場でもしちゃった日には、すごいことになるんじゃないか。そんなことを考えていたので、ちょっと結果が出始めたことをきっかけに、アクセル全開。イケイケで規模拡大に舵を切りました。

手始めとして、買い取りに注力しました。50人雇って街中を着物買取のポスターとチラシでジャックしました。これがうまくいき、一気に地域一番店になりました。

その勢いで多店舗展開を狙って、さらに人を増やしました。とにかく人数を多くと思っていたので、面接に来る人は、変な人でなければどんどん採用していました。アルバイトも含めると、瞬間的には100人くらいいたと思います。

ところが、マネジメントができません。まったく思うように動いてくれないんです。人はそれぞれ意思を持って動いています。指示の受け取り方も人それぞれ、仕事の仕方も人それぞれです。みんながみんなマジメに仕事をしてくれるとも限りません。勝手に休むし、勝手に辞める。なぜか備品もなくなるし、売り上げも合わなくなる。人間関係のトラブルも起きます。すぐに全員解雇。もう拡大はしないと決めました。

ビビりの商売では、1人でできる商売だけを推奨するわけじゃありません。**収益を高めるために人を増やすのは大いにアリ**です。でも、特に商売が固まり切っていない段階では、考えなしに人を増やすことは危険です。

「ビジネスの成長＝人数が増えること」という感覚は、僕たちの中に常識として強く根付いてしまっています。売り上げが大きい。従業員がたくさんいる。全国に支店がある。社会にとっても経済にとってもすばらしいことではありますが、**大きいことがデメリットになる場合もある**と理解しておかないといけません。

第4章

答えはお客さんが持っている

テスト・テスト・テスト

お金と時間の節約のために

テストの目的は二つあります。一つは、**その商品やサービスが世の中に求められているかどうかを試すこと。**もう一つは、**反応を数値化すること**です。そのことでリスクを最小限に抑えることができます。つまりは**お金と時間の節約**です。

イチかバチかで商売を始めていては、いくらお金があっても足りません。だから小さなテストを重ねます。**一つひとつの結果を確かめながら次に進んで、またそこでもテストを繰り返す。これが最もリスクを少なくする方法**です。

一見遠回りに思えますが、結果的に時間も短縮します。やみくもに突き進んで、ダメだったら空中分解。ゼロからリスタートでは、いつまで経っても結果を出すことはできません。
　みんなお金のことは気にしますが、時間については意識が低くなりがちです。**時間もお金と同じコスト**です。商売では、1日の遅れで結果が大きく変わるということなんてザラにあります。

モヤモヤしたものに1本ずつ線を引いて、輪郭をはっきりさせていくイメージです。正解がわからない。だから仮説を立てて、テストします。その結果という事実をフィードバックして、また次のテストをします。そうして1本ずつ線を引いていく。線を引くたびに少しずつ形がわかってくる。縦にも横にも斜めにも線を引いて、商売の形を明確にしていくんです。

頭の中で考えていても仕方がない

　テストでは、自分が試したことの結果だけを見ていきます。**何度も言いますが、自**

分の主観や感情は一切入れてはいけません。このことの大切さは言っても言い足りません。

僕の場合、アクセサリーショップで失敗したのは、やっぱり主観が入っていたからです。アクセサリーだったら仕入れも安くて儲かるな、駅前だったらお客さんも来るだろうな、ウハウハだな。理屈が通っているようでいて、どこにも客観性がありません。自分の考えしか持たなかったことで、完全に失敗しました。

すべてのテストは結果が出るまで仮説でしかありません。例えばチラシを作るとき、このコピーがいいんじゃないかと仮説を立てます。それで撒いてみます。そうすると反応が薄い。ということは、この仮説は間違っていたという結果を得られます。であれば、次の仮説を立てる。今度は反応がよかった。これで1本の線を引けるわけです。

頭の中で考えていても、それはただの空論です。少し厳しく言えば驕《おご》りです。こうすれば人が集まるんじゃないかとチラシを作る。それは必要なことですが、本当に正しいかどうかはわかりません。

ビビりの商売では、常に自分を疑うことが必要なんです。

結果を恐れるな

大切なのは手数を多くすることです。いい商品を作ろうと企画から開発まで細かくやって、販売や集客、広告を考え抜いて世の中に出す。このやり方では、半年、1年かかってしまいます。売れればいいですが、売れなかったらその半年間の時間とそこでかけたお金が飛んでしまいます。いまは世の中の流れが圧倒的に速くなっています。時間をかけ過ぎてはいけません。

とにかく試してみる。違ったらまたすぐに試す。徹底的にテストを重ねて、一つずつ進んでいく。そうすれば失敗しようがありません。

僕が起業などの相談を受ける中で多いのが、結果が怖くて動けない人です。チラシを作った、商売を考えた、自分なりの仮説も立てた。次は見込み客にぶつけてみるとか、営業をしてみるという段階で、またチラシを作り直そうとしたり、ビジネスプランを練り直したりする人が本当に多いです。

本人に言わせると、もう少しいい案が出るかもしれないとか、少しでも反応をよくしたいから、ということですが、そんなことはやってみなければわかりません。でもなかなかテストに移らない。テストを始めてもほとんど突っ込むことなく、当たり障りのないことしかやらない。

自分がやったことを否定されるのが怖いんだと思います。自分が考えたビジネスプランやチラシの反応が悪かったら、すべてを否定されたように感じる。一生懸命がんばってきたことを、ムダにしたくないと考える。これも排除しなければいけない感情です。

反応がある、ないというのは、単なる現象でしかありません。怖がる必要はないんです。スタートの段階で知らないのは当たり前です。裸でもいいから走っていれば、パンツが必要だ、靴も欲しいとわかります。そこで集めればいい。まずはエイヤッと走り出しましょう。

お金を払うのは誰なのか

他人にぶつけなければわからない

テストとは、自分の仮説やアイデア、商品を第三者にぶつけることです。そうして生の反応を見る。自分が考えたことは○か×か。それ以外に真実を知る方法はありません。

第3章でも触れましたが、他人に何かをぶつけてレスポンスを得るという点で、**リアルにお客さんと交流できる商売のほうが有利**です。

僕は中古着物ビジネスを始める前に、アフィリエイトやネットショップで稼いだ時期がありました。インターネットビジネス黎明期だったこともあって、まさに荒稼ぎでした。広告費に使ったお金が倍で返ってくるような状態です。

「これは攻めどきだな！」ということで、ある月の広告費に２００万円を使いました。ところがまったく売れませんでした。４００万円になって返ってくる予定が、ゼロ。一瞬で跡形もなくなったんです。それまでうまくいっていたのに。

あまりに突然のことで、原因がわかりません。やっていること自体は、それまでと変わらないわけです。アクセスもそれまで通りある。広告も出稿できている。サイトをいじったわけでもない。

目の前にある事実は、売り上げが止まったということだけです。なぜ買わないのかを聞きたくても、確認することができません。

それまでずっと同じやり方で売れていたのが、売れなくなる。その事実を突き付けられたとき、**原因を探ることができないというのはこんなに怖いこと**なんだ、と知りました。

とはいっても、僕はいまもネットでガンガン商売しています。ネットビジネスそのものを否定するつもりは一切ありません。でも商売をつくり上げる最初の段階では、対面で売れる環境のほうが無難です。そこで得た結果は、ネットビジネスでも応用できるんです。

お金を払わない人の意見は聞くな

例えば、コップを売るとします。結果を出せない人の多くは、これをどうやったら売れるんだろうと、ずっと1人で考え続けるわけです。でもいくら考えても答えはわかりません。時間のムダです。当然お金も生みません。実際に売ってみましょう。

買う人もいれば買わない人もいます。そこでお金を払った人の話だけを聞きます。**大事なのは、「お金を払った人」に聞くということ**です。家族や友人に相談して、「これ、あなたなら買う？」とか「売れると思う？」と聞いても、答えは出ません。「売れるんじゃない？」と言われて終わりです。

「なんで買おうと思ったんですか？」

ここで返ってきた答えだけが事実です。「この飲み口が口当たりよさそうで」「見た目がかわいくて」「思ったより安くて」。そこで初めて「ああ、そういうことか」がわかるわけです。

これが積もっていけばそのまま売り文句にもできます。なぜ購入してくれたかを知れば知るほど、お客さんに訴求できる要素が増えていくわけです。さらに、「普段はどんなものを飲むんですか?」と、さらに深く知ることができれば、商売の可能性が広がります。コップと一緒に茶葉セットも売ることができるかもしれません。

買う、買わないに限らず、**商売の答えはお客さんが持っています**。なぜその商品が欲しいのか、なぜこの店に来たのか、なぜ自分に依頼しようと思ったのか、数ある商品やサービスの中でなぜそれを選んだのか。売り手がどれだけ考えても、それは予想にしか過ぎません。だから、**答えを知っている人に聞けばいい**。真実は常に現場にあるんです。

目的を持って「一つ奥」を聞く

ただし、何でもかんでも聞いていればいいということでもありません。自分は何を知りたいのか、お客さんに聞くことで何を明らかにしたいのか、**目的をはっきりさせておくことが大事**です。

例えばラーメン屋をやっていて、お客さんが塩ラーメンを頼んだとします。「なんで塩ラーメンを選んだんですか？」と聞いて、「安いから」と言われたとします。そこで「ああそうか」と納得していたらダメです。**その奥を探っていけるかどうか**です。

「塩、好きなんですか？」

「そんなに好きじゃないんだけどね」

「え、じゃあなんで今日は塩なんですか？」

「なんとなくかな」

「普段は何食べるんです？」

「味噌が多いかな」

「そうですか。味噌のおいしいお店ってありますか？」

「ああ、駅の裏に」

「ああ、あそこですか。今日はなんでうちに来ていただいたんです？」

「表の看板が目に付いて」

「そうですか。先週新しくしたんですよ」

「そうそう、塩ラーメンの写真がうまそうに見えたんだよ」

「あ、ごめんなさい。麺がのびちゃいますね。どうぞ食べてください」


簡単な一例ですが、この会話にはすごい情報量があります。

お客さんがどの店に行っているかがわかれば、自分もそこに行って勉強できます。値段、味、接客、参考になることが山ほどあるでしょう。ほかにも、この会話から人気のある味は何かを探ることができます。このお客さんがなぜ自分の店に来てくれたか、なぜ塩を選んだのかもわかりました。

簡単な質問から、自分でも気付かなかった強みや、思いもよらない情報を知ることができます。**情報は集めれば集めるほど精度が増します**。情報を得たら、その情報を元に仮説を立てて、またテストを繰り返す。そうして商売をつくり込んでいきます。

自分が何を求めているのか。その**問題意識さえ持っていれば、何かしらの答えをも**

らえます。この意識が少なかったり、そもそも持っていなかったりするから、情報を十分に引き出すことができません。

みんな、せっかくのチャンスをムダにしています。塩を注文されたら、「塩が売れた」で終わり。そんなの、食券機があればわかるわけです。目の前で生の情報を、しかもタダで教えてくれる人がいるのに、聞かない理由がありません。それに、人が初めての店に入るということは、結構な勇気が必要です。**せっかく勇気を出して来てくれたお客さんが目の前にいるのに、何をしているんだ**という話です。

厄介なのが、こんなこと聞いたら怒られるんじゃないか、といった思い込みです。もちろんやり過ぎは危険です。自然な範囲で聞いていきましょう。無口な人もいますし、無理やり聞いても本音が出てくるかどうかはわかりません。その人たちが気分を悪くしてしまえば、本末転倒です。

相手を見て聞いていかなければいけませんが、仮に怒られたとしても、貴重な情報です。次から気を付ければいい。どんなことにも一喜一憂しないという鉄則を忘れないようにしましょう。

商売はエンターテインメント

ほとんどの人に足りていないこと

お客さんが答えを持っている。そのことは自分がお客さんになってみればよくわかります。

商売している人のほとんどに、圧倒的に足りていないことがあります。それは「顧客体験」です。つまりは客として「売られる」ことです。

自分が商品やサービスを売ろうとしたときに、顧客体験が少なければ買う側の気持ちなんて理解できないはずです。セールスレターもチラシも、顧客心理がわからない限り、反応のあるメッセージを作れるはずがありません。

当たり前のことなのに、「売り気」が強くなり過ぎると、一気にこのことが頭から抜けていきます。これが売れなくなるときの大きな要因です。**数字を追いかける中で、どうしてもお客さんの側の気持ちがすっ飛んでしまう。**これも主観が入ってしまうわけです。

僕が人材派遣会社の営業をやっていたときも、最初は「契約を取りたい」ばかりでした。こうやったら売れるはずだ、いい提案だから話を聞いてくれるだろう。でも、商売の根幹は問題解決です。相手が何を求めているかを知らないことには、買ってもらうことはできないんです。

喉が渇いていない人に、「水を買ってください」と言っても売れません。「喉が渇いていますか？」と聞いて、「イエス」と言う人であれば買ってもらえる確率は高まります。水が売れやすい場所で売れば、さらに確率は上がります。「キンキンに冷えてます！」というメッセージを伝えれば、もっと購入確率は上がります。

ほとんどの人は、売り込まれることは嫌なはずです。でも売る側になった瞬間に売り込もうとする。いきなり売り込んでも仕方ないんです。

お客さんがお金を払うかどうかは、そのときの気分が大きく影響します。**接客されてうれしかったらお財布を開く。イヤだったら閉じる。**実際はそんなに単純ではありませんが、気分がよくないときによろこんでお金を払う人はいないはずです。

そう考えれば、**商売はエンターテインメント**、僕たちはエンターテイナーなんです。どんなかたちであれ、お客さんに「楽しかったね」「よかったね」と言ってもらえるよう、最善を尽くす必要があります。

じゃあお客さんに気持ちよくなってもらうためにはどうすればいいか。イメージが湧かないのであれば、顧客体験を重ねないといけません。

自分が楽しいと思ったことでなければ、お客さんに伝えることはできないはずです。本人がイヤだな、つまらないな、と思っていることを、お客さんに楽しく伝えることはできないんです。

自分でいいと思ったことを実践する

僕は一時期ものすごく意識して、顧客体験を重ねていました。目に付いたお店に入ってみる。業種も関係なく、いろいろなお店に行きます。高級店にもどんどん入ります。どんなセールストークをされるか、どんな陳列になっているか、どんなBGMが流れているか、どんな照明か。それらがどんな状況のときに、自分はうれしくなるのか、イヤな気持ちになるのか。さまざまな経験をしておきます。

普段から、いろいろなお店に行ってみましょう。安いお店でもいいし、勉強だと思って高いお店に行くことも大事です。ミシュランの星付きレストランでなくても、ちょっと高級なお店に食べに行く。高級店に行くときはお店に入る前から気分がアガります。緊張する人もいるかもしれませんが、そうした気持ちの変化を味わうことも重要です。

評価の高いお店はやっぱり質の高い接客をしています。逆に値段の割にいい気分じゃないなと思ったら、金額とサービスにギャップがあるんだとわかります。買わなくても、覗いてみるだけでもいい。高級ブランド店に入って、説明を受けてみる。それで「じゃ、また今度ね」と出てしまってもいいわけです。

いろいろな所でお客さんとしての経験値を高めていく。それで**イヤだったことをお**

客さんにやらない。心地よかったことをやる。それだけの話です。自分の感情を排除しろとお話ししてきましたが、**ここでは思いっきり「好き」「嫌い」の主観で考えましょう。**なぜよかったか、イヤだったかの分析は後ですればいいんです。

みんな普段から買い物や外食をしているはずです。そのときにどんな意識を持つかによって、その経験がムダになるか生きるかが変わります。

例えば飲食店を経営している人がほかのお店でご飯を食べて、よく言うのが**「俺の店のほうがうまい」**です。きっとその通りなんでしょう。私も料理人だったのでよくわかります。でも、お店の味が自分の好みと違うだけで、そのお店の評価をゼロにしてしまう人が多い。接客、雰囲気、料理を出すタイミング。**お店の中にはいろいろなヒントがあるのに、目が行かなくなってしまいます。**

ただ、一方でちゃんと商売人の軸足も残しておかなければいけません。「俺は客だ！　神様だ！」になってしまうと、冷静に観察できません。商売人としての意識を持ちながら、お客さんにならなければいけないんです。

一つのテストの目的は一つだけ

「集客」と「セールス」の仕組みをつくる

僕たちが**テストを繰り返すことでつくり上げていくのは、「集客」と「セールス」の仕組み**です。集客とは、文字通りお客さんを集めること。セールスとは、ひと言で言えば売ることです。電話営業やネット販売、モノではなくサービスを売る場合などでは複雑な要素が絡んできますが、直接モノを売る場合で考えれば、接客です。

ビビりの商売を考える場合、接客にはあまり手を付けません。売る上での大事な要素ではありますが、仕組みをつくり上げる上では、最重要視するポイントではないんです。そのことについては、また後でお話しします。

集客とセールスは、はっきりと分けられるものではありません。自分の扱う商品に興味を持つお客さんに、このお店に行けば商品があるのだと伝えて、来てもらう。**商品に興味がある人が集まるのだから、自然に売れる。**この一連の流れをつくると考えます。

ただし、商売をつくり上げていく段階では、その流れをぶつ切りにして、一つひとつテストしていきます。テストでは、**目的を明確にすることで正しい結果を手にすることができます。**このことがすごく大事です。

例えばチラシを撒いてテストするとして、それは集客のためか、在庫売り切りのためか、認知度を上げるためか。その目的に合わせて発するメッセージは変わるはずです。ここにたくさんの目的を入れようとすると、メッセージがどんどん増えていきます。届けたいメッセージが増えれば増えるほど、お客さんは迷います。迷えば人は行動しなくなります。それじゃあ正しい検証ができません。

具体的にどんなテストをしていくのか。初期段階としては、「売ってみる」「集客してみる」の二つです。ここではわかりやすく、「売る」→「集客する」の順で説明していきますが、**実際にはどちらが先ということでもありません。**お客さんがいなければ売ることはできません。場合によっては集客が先にもなりますし、同時に進行する必要も出てきます。

売ってみる

まずは売れるかどうかです。まともな商品であれば、まったく売れないことはないと思います。でも、ここまでにもお話ししているように、**商売をつくる上では、「なぜ買うのか」がすごく大事**です。売りながら、お客さんの生の声を聞いていきます。

その商品を買う人の需要がはっきりと見えている場合は、この段階を飛ばしてもいいですが、この本を読んでくれているみなさんは、実際の行動の一歩目がここになると思います。ハードルを下げる意味でも、小さく売ってみましょう。知人、友人の集まりでもいいですし、フリーマーケットでもいい。この段階ではあまり方法を考えなくても大丈夫です。**スピード重視**です。

中古着物ビジネスの場合は、こんなテストをしました。

着物をどう売るかと考えると、大きく分けて業者専門の競りと、一般向けです。

試験的に買い取った着物を競りに出してみると、ほとんど利益が出ませんでした。「1枚数万円」と値段が付くのはほんの一部。90パーセント以上は、何十枚もまとめて「ひと山1000円」みたいな金額にしかなりません。言ってみればゴミです。

「1枚いくら」で売れる着物は一般向けでも売れるはずです。だから大丈夫。いったん置いておきます。

お金になる着物だけを集めることができればいいわけですが、個人から買い取りする以上、選択することはできません。ゴミは必ず出てきます。これをどうお金に換えるかです。

そこでやったテストが出張販売。ショッピングセンターやスーパーで開かれる期間限定のイベントへの出店です。

ショッピングセンターなどには、催事販売するスペースや空きテナントなどがあります。空きテナントは収益を生まないので、期間限定で出店してもらえる業者を探している場合があります。初めはちょっと不安かもしれませんが、話を聞きに行ってみましょう。超大手のショッピングモールなどでなければ、すんなりと開催できるかもしれません。

最初はどう着物を売っていいかわからないので、適当に1枚1000円、2000円で売ってみました。それが結構売れた。競りに出すより何倍も儲かるわけです。この時点で、中古着物ビジネスに大きな可能性を感じました。もちろん、**ここで売れなければ、それ以上やるつもりはありませんでした。**

ちなみに**このテストは商品がなくてもできます**。「この商品は予約販売です。予約が100件に届かない場合は販売を中止します」とチラシに記載しておく。それで100件に届けば、そこで商品を用意すればいい。

色々な業種でこのようなテストが行われています。例えば旅行商品もあります。「参加者が○人に満たない場合は催行を中止します」といったプランがありますが、あれはほとんどの場合、テストを目的にしているのだと思います。募集してみて、人が集まればレギュラー商品としてやっていく、採算ラインに乗らなければやらないという判断をしているのでしょう。

集客してみる

自分の扱おうとする商品やサービスが売れるとわかれば、次は集客です。**売ることは考えていても、集客に対する意識が低い人が多い**です。商品へのこだわりが強かったり、売ろうという気持ちばかりが先に立ったり。「いいものを作っていれば客が来るはずだ」という人も結構いますが、それじゃダメです。

ここでも中古着物ビジネスを例に説明します。中古着物の買い取りです。買い取りの過程はリサイクル業特有のものですが、集客のためのテストと考えると、どんな商売にも役立つことがわかると思います。

買い取りの最初のテストでは、オーソドックスなチラシを撒きました。「着物をお売りください」。どこにでもあるような内容です。すると反応がありました。電話でスケジュールを決めて、買い取りに行きます。

ここでの**ポイントは、敢えて奇をてらったチラシにしなかったこと**です。なぜなら、突飛な印象を持たせたり、「〇〇プレゼント」みたいに着物以外のもので客を引き付けようとしたりしても、本当のニーズがわからないからです。

変わった内容のチラシで興味を集めても、人は慣れていきます。すると、もっと過激な内容のチラシにしないと反応はどんどん落ちていきます。それをずっと続けていくことは不可能です。

もちろん、商売をする上で個性的なチラシやメッセージは必要です。飽和状態の市場に割って入ろうとするときには大きな効果を発揮します。ただ、テストの目的は、その商品やサービスが求められているかを確かめることです。その後安定して買い取りが続けられるかどうかを知るためにも、できる限りオーソドックスな内容で試す必要があります。**オーソドックスなもので反応がなければ、それ以上は追わないほうがいい**わけです。

じゃあオーソドックスなチラシとはどんなチラシなのか。チラシにしてもＤＭにしても、あるいはネット広告を出すにしても、コピーライティングなどの基礎的な知識はある程度必要です。

ただ、すべてゼロから学んで自分で考えるのでは、時間も労力もかかってしまいます。**簡単なのは、近い業種や同じ客層をターゲットとする商売のチラシをパクること**です。着物の買い取りでは、車の買取チラシやブランド買取チラシ。同じ主婦層をターゲットにするクリーニング店のチラシを参考にしました。

まったく同じ業種のチラシをパクるのはダメです。真似していることがすぐにバレて、信用を失うことにもなりかねません。距離的に遠い地域、同じお客さんが見ないようなチラシであればまだいいですが、基本的にはＮＧだと考えましょう。

パクるというと、抵抗を覚える人がいるかもしれませんが、ビジネスはパクり合いの世界です。自分以外の誰かが結果を出しているのであれば、それを参考にするのは悪いことではないと思います。もちろん丸パクりはダメですが。

すでに出回っているチラシを20種類も集めれば雰囲気は把握できます。チラシの内容を分析すると、パーツに分かれていることがわかります。同じようなことが書かれている部分もあれば、それぞれのメッセージを伝えている部分もあります。それらのパーツを切り貼りすれば、それなりに反応が取れるレベルのチラシは作れるはずです。

まずは最低限のお金を稼ぐ

テストの段階では儲けを優先しない

自分の扱おうとする商品が、売れるかどうか、集客できるかどうか、確認していく。とはいえ、ここまでに説明しているように進めていけば、いきなり×が出ることは少ないと思います。

繰り返しになりますが、すでに世の中に出ている商品であれば、金額の高い安いはあっても、まったく売れないことはないと思います。集客が多少難しいにしても、基本的なノウハウを学べばある程度の人は集まります。それでも結果が出ないようであれば、そもそも商品やサービスがダメだということになりますが、この段階はすんなりとクリアできると思います。

じゃあ**どれくらい売れればいいのか、集まればいいのかという話ですが、テストの段階では、そのことをあまり気にする必要はありません。**売ってみてお客さんのどんな反応があるか、集客してみてどれくらいの反応があるか、その事実を集めていくことができればＯＫだと考えてください。

もちろん、本格的に商売を続けていく上での基準はあります。それについては次に話しますが、テスト段階で儲けを気にすると、冷静な判断ができなくなります。

たくさん売れる分には問題ありませんが、そんなに甘くもありません。逆に思っていたより売れない、集まらない、だからやめようというのは、判断が早過ぎます。ダメだったら引くと言ってきましたが、まだ「ダメ」という結果にまでいたっていません。その判断は次のテストです。

早々に見切りを付けるのではなくて、もう少し試してみましょう。客観的な事実だけを集めることに気を付けていれば大丈夫です。

「どれだけの市場があるか」を考える

僕たちの商売では、**「どうやって取るか」ではなく「どれだけあるか」**から考えます。

集客と売るテストを行うことで、お客さんの声が集まります。その声をもとにメッセージをつくります。そのメッセージを発信することで、反応率がわかります。

ここでもちっちゃくやっていきます。1000人にリーチして、20人が来店、5人が購入してくれる。客単価が1万円だとして、5万円の売り上げです。であれば1万人にリーチすれば2000人が来店して、50人が購入してくれると見込めます。売り上げは50万円です。

ここまで移動販売でやっていたとして、こうした**反応率がわかるようになれば、店舗を出すことを前提に商圏（自分が商売をしたい範囲）を考えてもいい**と思います。

集客した地域と別の場所にお店を出すとしても、計算は成り立ちます。人口密集度がよっぽど違ったり、客層に大きく左右される商品だったりしない限りは、大差ないはずです。

どこにお店を出すか、どれくらいの商圏にするかを考えて売り上げ見込みを計算します。最低ラインとして、その結果が生活に不自由しないくらいの額であればＯＫと考えます。

そう言うとギリギリの生活になってしまうように感じますが、ここから本格的に商売をつくり込んでいくことになります。そこで売り上げは上がっていきますし、最初にお話しした通り、ビビりの商売では自分の商売を人に任せて、新しい商売を始めることができます。そこでさらに収入を得ることもできます。

一つ注意点として、**商圏は広げれば広げるほど、反応が落ちる**と思ってください。車で10分のお店と30分のお店ではハードルの高さが違います。あまりに広い商圏にしなければ成り立たないようであれば、考え直す必要があります。

このテストで大事なのは、見込みを立てることが目的だということです。とりあえず現状がわかればＯＫです。たくさん来たから成功、少なかったから失敗ということではありません。お店を出したらこれくらいの売り上げをつくれる「だろう」と計算する。そのことで、お店を出すことがギャンブルではなくなるんです。

商売をつくり込んでいく

お客さんの声に商品を合わせる

自分の商品が売れるとわかった。集客もできるとわかった。最低限の収入も得られる見込みも立った。ここで大きなテストはひと段落です。本格的に商売をつくり込んでいきます。

こうした段階を追わずに商売を始めようとすると、うまくいかなかったときに引き返すことが難しくなってしまいます。**まずは商品やサービスが世の中に求められているものだという大前提があってから**です。

ここでは主に二つの視点を紹介します。どちらも、根っこにはお客さんの意見があります。答えを知っているのは、お金を払うお客さんだけ。商売をしていく上で、この原則から外れてはいけません。

まず、その商品を買う人がなぜ買ったのかを聞いていきます。**表面上に見えているものの奥に答えがあります**。それを知った上で、アジャストさせる方法を考えます。

一つ目は、**お客さんが解決したいと感じている問題に、商品やサービスがよりフィットするように変えていくこと**です。ただ、お客さん自身が解決したい問題を常に明確に把握しているかといえば、そんなことはありません。こちらから質問を投げ掛けて、問題を顕在化していくことも必要です。

僕が着物を売り始めた頃、明らかに着物としては着られないのに、売れるものがありました。汚れていたり破れていたり、お客さんには明らかにサイズが合っていなかったり。

そこで買った人に徹底して聞きます。

「その着物、着られないですよね。なんで買うんですか？　何に使うんですか？」

中には自分でキレイにして着るという人もいましたが、ほとんどが縫物に使うということがわかりました。着物ではなく布として買っているわけです。それでバッグを作ったり、人形を作ったり。帯をテーブルクロスにする人もいました。「なるほど、それで売れるのか」とわかりました。

もっと聞いていくと、人形を作るのに着物1枚はいらないことがわかりました。それで着物を細かく切ってキレイに洗ったものを売ってみました。するとやっぱり売れます。

今度はもっと長さが欲しいとか、短くていいからこんな柄が欲しいというような声が聞こえてきました。縫物用の布にも売れ筋というものがあることがわかってきたんです。

特に赤や白の着物がよく売れました。見つけたら「ラッキー」と言いながら買っていく人もいます。だから聞きます。「なんで赤がいいの？」。すると、赤や白の着物は人形を作るときなどに、最も多く使う色だということでした。中でも白のちりめん生地は、黙っていても売れていきます。人気があるのがわかれば、値段を高くしても売れます。客単価アップです。

そうしてだんだんと形をつくっていって、最後は測り売りになりました。10センチ単位で売ります。そうすればムダもありません。

お客さんは初めから「測り売りにしてほしい」と思っていたわけではありません。どういったことに不満を感じているか、どうすればいいのかを聞くことで、お客さんが求めていることがわかったわけです。

類似・拡大商品をパクる

商売をアジャストさせていく上で参考になるもう一つの視点が、第3章で触れた**「類似商品」「拡大商品」**です。

どんな商品でも、いろいろな類似・拡大商品を考えることができます。チーズケーキでは、類似商品としてクッキー、シュークリーム。拡大商品としてスパやマッサージが考えられました。

そこにヒントがたくさんあります。

シュークリームを売る店に行ってみる。おしゃべりのときにお菓子を食べる女性に、どう訴求しているのかという視点で見てみます。するとお店全体的に淡い色が多く使われているとわかる。自分のチラシをどのように作ればいいのかの参考になります。

あるいはスパがどのように癒しを提供しているのかを見に行く。静かな音楽が流れるフロントで、上品な接客をしている。であれば、「チーズケーキあります！ お一つどうですか！」と売り込んではいけないことがわかります。

単純な例ですが、**お客さんの問題を理解して、類似商品を正しく設定していれば、ヒントになることは山ほどあります**。集客の方法、商品の仕入れ方、値段の付け方。まさに宝の山です。その中で自分の商売に流用できるところを、部分的にパクっていく。そのことで、より商売が確かなものになっていくんです。

必要ないことはやらない

商売をつくり込んで行くときの注意点として、いろいろやろうとすることで、どうしても商売が複雑になってしまう場合があります。これは大きなリスクです。コントロールできない要素が増える危険もありますし、最終的に人に商売を任せることを考えると、**なるべくシンプルにしておく**ほうが安全です。お客さんの欲しいものがあって、そこに人が集まるように適切な集客をする。だから勝手に売れていく。この流れ以外の要素はできるだけ入れないようにします。

例えばサービス。お客さんのために必要なことではありますが、**過度のサービスはよくありません**。以前バッシングを浴びたのが「やよい軒」です。もともとごはんおかわり無料のサービスが好評でしたが、中止されました（一部店舗。2020年3月時点では無料に戻っている。サービスは一部のメニューで対象外）。そうしたとたんにクレームの嵐です。

売り手からすれば「もともとサービスなんだから、中止になったからって文句言うなよ」という話ですが、お客さんからみればやよい軒の料理とおかわりはセットです。本来無料のサービスのはずが、お客さんの目には料金に組み込まれてしまっていた。それがなくなったことで、損をした感覚になってしまったわけです。

売り手がサービスとしていることが、買い手の当たり前になってしまう。この意識のギャップを理解しておかないと、ちょっとしたサービスの変更が、大きく経営に影響を与えてしまいます。サービス一つで商売が大きく飛躍することもありますが、一度始めたサービスを、後から「やっぱりやめます」というのは難しいと覚えておきましょう。

安易な値下げも考えものです。

値下げやセールは集客のためなど、きちんと目的を持って行うのであれば、戦略として取り入れてもいいと思います。でも、「お客さんが来ないからセールしよう」といった、**場当たり的なやり方はよくありません。**

セールの目的の多くは、在庫のダブつきをなくすことと、その瞬間の売り上げをつくることです。在庫を売り切りたいというのは問題ありませんが、一時的に値下げして売り上げを上げたとしても、リピートやほかのお客さんを紹介してもらう仕掛けをつくるなどの**抜本的な改善をしない限り、次の展開はありません。**

新しいことを始めるときは、**「これをやる必要が本当にあるのか？」「コントロールが難しくならないか？」**を考えましょう。商売を続けていくと、どうしても複雑になっていきます。できる限りシンプルに、わかりやすくつくっていきましょう。

お客さんを増やして収益を高める

集客を常に進化させる

商売の売り上げを上げるいちばん直接的な方法は、お客さんを増やすことです。自分の商売が固まったら、よりたくさんお客さんに来てもらう方法を考えましょう。

身近な集客の方法といえば、ネット広告やチラシです。テスト段階ではオーソドックスなもので十分ですが、それだけでは本格的に展開する上で不十分かもしれません。

それに、どれだけ優れたチラシや広告でも、続けていくとどうしても反応は鈍くなっていきます。**商売を続けていく以上、集客はずっと必要**です。予算の許す限り、早い段階でいろいろやってみましょう。

まずは先ほどお話ししたように、**類似・拡大商品を参考にしていきます。**

例えば着物であれば、対象とする客層は中高年の女性です。同様の層をターゲットにしている商品やサービスの案内、お店の作り方などを調べていきます。その年代に合わせた旅行案内、通信販売の広告、ウィッグや洋品店、美容室、和菓子屋などが考えらます。

僕は見込み客と年齢層をターゲットにするお店の多い、浅草の仲見世《なかみせ》通りや巣鴨の地蔵通り商店街へ偵察に行きました。案内やお店のつくりなど、業種が変わっても参考になりました。

次は**集客の媒体を変えてみます。**これまでポスティングしていたものを織り込み広告にしてみる。フリーペーパーでもいいし、もちろんネットも使ってみる。

いずれにしても、いきなりドバっと撒かなくても大丈夫。3万円、5万円で十分です。ちっちゃくちっちゃく試していきます。いろいろやってみないと、どれがいちばんいいのかわかりません。

どの媒体の効果が高く出ているのかは、簡単にわかります。チラシに問い合わせ番号を付けるのでもいいし、電話番号を媒体ごとに変えるのでもいい。それぞれチラシの色を変えて、お客さんに「何色のチラシを見て来ましたか？」と聞いてもいい。

ただ、現実問題としてテストできる数には限りがあります。集客だけしていればいいわけではなく、実際にはほかの仕事も並行していかなければいけません。**一つ反応の取れる媒体を見つけたら、まずはそこに集中してお金を使うという考え方でＯＫ**です。その媒体でいろいろとテストして、反応を高めることを狙いましょう。反応が下がったら、すぐに前のチラシに戻せば被害は大きくなりません。

リピーターになってもらうために

商売を軌道に乗せるには新規客、**安定させていくにはリピーターの存在が重要**です。リピーターは、いわゆるお得意様。数が多いほど単純に売り上げが安定しますし、自分の商売が世の中に認められていることの証にもなります。

新規客を増やすのにもリピーターを増やすのにも有効なのが、「リスト」です。**リ**

ストは商売人にとって、何より大切な資産です。

リストには、「顧客リスト」と「見込み客リスト」の2種類があります。

顧客リストとは、一度商品を買ってもらった人のリストです。リピートしてもらうにはとても重要になるので、できる限り連絡先を聞きます。

いちばん買ってくれる可能性の高い人は、過去に買ってくれた人、あるいは興味を示してお店に来てくれた人です。これ以上に効率のいいリストはありません。セールをする、新商品を売り出す、イベントをする。届けたい情報をダイレクトに告知できます。震災の後、僕がお店を出したときにも、リストがすごく役立ちました。

見込み客リストは、これからお客さんになってくれる可能性のある人のリストです。まだ買ってもらったことはないけど、自分の商品に興味を持っている人たちです。

このリストを集めるに最適なのは、「オファー」というやり方です。商品に関連するものをプレゼントしたり、お試しの案内をするのが一般的です。

どんな商売でも、**不特定多数の人に売り込むより、商品を求めている可能性の高い**

人たちにアプローチしたほうが有利です。見込み客リストはそうした人がどこにいるのかが簡単にわかる貴重な情報です。

集める方法としては、メールマガジンやLINEに登録してもらうのが簡単です。店舗経営であれば会員カードでも十分です。連絡先をきちんと書いてもらいます。

お客さんが来店したとき、その場で売れなくても、会員登録してもらうだけでもいい。**まずは会員になってもらえる方法を考えましょう。**会員になるだけでプレゼントがもらえるといったイベントでもいいと思います。

客単価アップ

お客さんの数を増やすことと同時に、単価アップも狙っていきましょう。

客単価を上げるための方法として、**「アップセル・クロスセル」**という売り方があります。

アップセルとは、**上位商品を勧める売り方。**パソコンを売るときにより機能性の高い機種を勧める、普通のラーメンにプラス300円でデラックスラーメンにできる、といったようなことです。

クロスセルとは**「ついで買い」を誘うやり方**です。例えばスーパーで、もともと買う気はなかったのにレジ横に置かれたおまんじゅうをつい買ってしまう。あれですね。ラーメンに100円プラスでチャーハンが付けられます、というのも同じです。

ついで買いを起こさせやすいのは、関連商品を一緒に売ることです。パソコンを売ったら、プリンターを勧めます。スーツを売ったらネクタイを勧めます。

アップセル・クロスセルにはタイミングが重要です。**お客さんが買おうと思った瞬間に売り込む**ことです。欲しいと思ったときに勧められることで、心理的に「じゃあそっちのほうがいいね」「それもあったほうがいいね」となりやすいわけです。

ほかにも、**世の中のビジネスにはお客さんにお金を使ってもらうための仕掛けがたくさんあります**。自分の商売に生かせるものがないか、常に意識して探すようにしましょう。

どんなときに引くべきか

「やめる」という決断は難しい

商売をつくっていく中で、**結果が悪い方向に出たら、すぐに手を引きます**。これが難しいです。思い込みや思い入れが強過ぎると、どこかで×が出ても、「いや、いける!」と突っ込み過ぎてしまいます。テストを重ねてがんばってきた。サンクコスト(それまでに投資したお金や労力、時間など)を考えると、もう少し続けたほうがいいんじゃないかという心理も働きます。

日本人には、一度始めたらやり遂げることが正しいという価値観もあります。チャレンジして途中でやめると周りの目も気になります。**続けることよりも、途中でやめ**

るという判断をするほうがはるかに難しいんです。

だからといって、ちょっとやってみてダメだったらそこであきらめる、というのでは、いつまで経っても前に進めません。

じゃあ、**どうなったら引くべきだと考えるのか。一つは生活に必要な金額を稼げなくなったとき**です。これはわかりやすいですね。傷が深くならないうちに引くことを考えないといけません。例えば自分の生活に必要な金額を3カ月連続でキープできなくなったらやめる。そう決めておきます。

アルバイトしてでもがんばるというのならそれでもいいと思いますが、必要以上に無理することはありません。商品やサービスはほかにもいろいろあります。

「変えられない事実」が出たら考える

生活できないくらいに売り上げが落ちるというような、はっきりした結果が出ればわかりやすいですが、実際にはもっと判断が難しくなります。というか、それでは遅いとも言えます。

商売をつくり込んでいく中で、立ち止まって考えるべきとき。その基準になるのが、

「自分では変えられない事実」です。

以前僕が思い付いた商売が、出版記念パーティーの運営代行サービスです。世の中には本を出す人がたくさんいます。その中で、特にビジネス書や実用書を出す人は、関係者を集めてパーティーをすることがあります。

でも、これを主催するのは大変です。企画して、人を集めて、料理や会場を手配して。僕もこれまで何冊か出版していますが、出版記念パーティーを自分でやろうとすると結構面倒です。

自分が面倒だと感じているということは、ほかにも興味はあるけれど面倒と感じている人がいるだろう、という仮説を立てました。

そこで見込み客がどれだけいるかを調べてみます。日本で1カ月に発行される書籍の数は6000冊くらいでした。なんとなく、ビジネス書や実用書はそのうち3割くらいかな、と仮説を立てました。その中には大学教授など、そもそも出版パーティー

をする可能性が低い人もいますし、連絡先がわからない場合もあります。大体半分くらいが対象かな。すると900人の見込み客が毎月発生することになります。

「これはすごい！」ということで、早速イベント会社に連絡をしました。でも僕とイベント会社両方で大きく利益を取ろうとするので、費用が高くなってしまいます。これはダメだとイベント会社と一緒に進めることは白紙にしました。

次に類似のサービスはないかを探しました。すると結婚式の2次会パーティーのモデルを、そっくりそのまま応用できることがわかりました。

その収益モデルを当てはめると、ざっくりと1回のパーティーでの利益は20万円程度。毎月の見込み客900人に対して反応率が1パーセントだと仮定して、ひと月9件。180万円の利益が残ります。年間2160万円。話半分で考えても1000万円。これであれば、細かなことを外注にお願いしても十分利益は残ると判断しました。

ただし、**ここまでは、あくまで仮説**です。実際の見込み客の数はこの段階ではわかりません。「これくらいかな？」で進んでいきます。

実際に動いてみた結果、反応率は仮説の通り1パーセント程度でした。ところが、

アプローチできる数は仮説の7分の1程度しかありませんでした。これだと受注が月に1件か、よくて2件。年間300万円程度の利益にしかなりません。

これが反応率の悪さが理由だったのであれば、反応率を高めるためにテストを重ねていきます。でも、そもそもアプローチできる数が少ないということは、変えようのない事実です。そこで僕は「やめよう」と判断しました。

「あれ？」でやめる

ただ、事実がネガティブだからといってすべてやめていたら、商売の可能性は狭くなってしまいます。**変えられないネガティブな事実があったとしても、それを十分に理解して受け入れることができるなら、進んでいくのもアリ**です。

中古着物ビジネスでは、着物を着る人が減っているという変えられない事実がありました。お客さんの年齢層は高く、年を取るにつれて少しずつ減っていきます。若い層からの流入も期待できません。

でも僕はテストを行った結果、大きな可能性があると判断して、チャレンジすることを決めました。出版パーティーの例で言えば、年間300万円稼げるんだったらやってもいいという人もいると思います。

最低限生活できる収入があることを前提に、あとは自分の望む未来と相談して決めればいいと思います。これくらいの時間や手間をかけて、これくらいのお金が入る。そこに不満があるなら、それ以上追わなくていいんです。

ちゃんと稼げていても、お金や時間がムダにかかると思ったらやめます。手間をかけずに儲かるか、収益性が高いか。そこに違和感があれば引きます。

あまり難しく考える必要はありません。**「あれ？　何か違うな」とか「なんか楽しくないな」と思ったら引く**といった程度でいいと思います。僕はよく、「なんか盛り上がんない」という言葉を使います。自分の中でワクワクしない場合は、商売を捨ててしまうことが多いです。

お金や時間に限らず、実際にやってみて自分の中に違和感を覚えたら、無理に突き進まなくてもいい。思ったより反応ないな、思ったより売れないな、楽しくないな、やめよう。これくらいの感覚で大丈夫です。

進むときは、事実をもとにした理屈が絶対に必要です。でも引くときは「あれ？」でいい。それが本来引くべきではないところだったとしても、別の商品でいくらでも次のチャレンジができる。そう考えれば、少し楽になるのではないでしょうか。

第5章

商売の数を増やしてウハウハになる

商売をまるっと人に任せる

人手を増やして自分の時間をつくる

商売が軌道に乗ってくると、当然忙しくなります。人のできることには限りがあります。時間的にも精神的にも体力的にも、自分だけではこれ以上のことはできない。あるいはしたくない。

その段階で、自分の生活に満足できるほどの売り上げがあるなら、同じように商売を続けていけばいいと思います。ただ、**ここまで来たのなら、次の段階を考えないともったいない。**

具体的には、人手を増やす、商売を人に任せる、新しい商売を始める、フランチャイズ展開する。それぞれ説明していきます。

まず考えるのは人手を増やすことです。外注したり1人雇ったりすれば利益が上がるということが明確だったら、早い段階でそうしてしまいましょう。

ただし、このときにお金の計算をし過ぎてはいけません。人手を増やせば人件費としてお金が出ていくので収入が減ってしまう。そうなると「もう少し自分でがんばって稼ごう」と考えてしまいます。無理して体調を崩すことにもなりかねません。自分に何かあったときに、売り上げもストップです。

瞬間的に収入が減ったとしても、**自分の手が空くことのほうが大切**です。自分の手が空けば、次のテストをしたり、新しいサービスを考えたりすることで、収益を増やせます。

経営者の仕事は、現場の作業ではなく、お金を稼ぎ出す入口をつくること、増やすことです。商売を続けるためには、常に思考していなければいけません。毎日の仕事に追われていると、だんだんとその時間がなくなってしまいます。作業は誰にでもできます。現場は任せてしまいましょう。

もちろん、どんどん増やしましょうということではありません。人を入れてみて、もし売り上げが上がらなかったり、自分の時間をつくれなかったりしたら、申し訳ないけどバイバイです。これもテストだと割り切る必要があります。そこで「この人の人生を背負っている」と責任を感じてしまうと、おかしな方向に動いてしまいます。最初は高校生のアルバイトでも十分。楽に考えましょう。

引き継ぎはそんなに難しくない

ここまでお話ししてきたのは、自分の考えを徹底的に排除して、客観的事実だけを積み上げていく方法です。個人の判断や個人の能力に依存しないので、一度商売の仕組みをつくり上げてしまえば、誰がやっても同じ結果が出るわけです。

であれば、**商売そのものを誰かに任せることができます。**店主からビジネスオーナーになるわけです。

手っ取り早いのは、従業員に任せてしまうことです。これまでと同じ売り上げを上げながら、商売を自分の手から離れさせることができます。

自分の商売を人に任せるのは不安なようですが、ここまでのやり方を実践できていれば、問題ありません。**ルールやノウハウを守ってもらうだけ**です。

仕事というものを考えたとき、全体の流れと業務、作業があります。

流れというのは、最終的にお金に換わるまでの一連の仕組みです。ひと言で言えば集客とセールス。これを僕たちはつくってきたわけです。

業務というのは、一つの目的を持った行動です。例えば集客のためにチラシを作る。そのために必要な一つひとつの要素が作業です。チラシのデザインをする、キャッチコピーを考える、印刷する。

仕事を作業レベルまで分解すると、それぞれ誰がやってもいいことがわかります。印刷は外注できるし、デザインはデザイン会社に頼めばいい。コピーは重要だから自社で考えるとしても、自分でなければいけないことはありません。

問題なのは出来上がってくるものがノウハウにそったものかどうか。それぞれどんな作り方をしてもらっても最終的に水準を超えていれば、それでいいわけです。

自分の後を継ぐ人は、これをチェックするだけでＯＫです。**基準さえ教えておけば、誰でも大丈夫。**特に店舗の場合は、**集客さえできていれば心配ありません。**極端に聞こえるかもしれませんが、その仕組みはすでに出来上がっています。同じようにしてもらえばいいだけです。たまに「チラシ撒いてるかー？」と確認するくらいで十分です。

ただし、**お客さんは人に付きます。**対面での商売の場合、多かれ少なかれ、自分に付いているお客さんがいます。自分がその店にいなくなることで、お客さんも離れてしまう危険があります。そこはしっかりと引き継ぐ必要があります。「僕はいなくなっちゃうんだけど、彼（彼女）がしっかりやってくれるから大丈夫。また来てね」ということをお客さんに伝えておかなければいけません。

働く人がやりやすい環境づくり

自分の決めたルールを従業員に遵守させる。それ以外のことはさせない。そういう考え方に違和感を持つ人もいるかもしれません。

最近は従業員がやりがいを持てる仕事が大事だとよくいわれます。それは正しいとは思いますが、結局は本人次第かなと思います。どんな仕事でも、やりがいを持つかどうかは周りが決めることではありません。

ただ、**少しでも気持ちよく仕事してもらうための環境づくりはできます**。

まずは**迷いをなくすこと**。迷いは、大きなストレスになります。判断基準を明確にしてあげることは重要です。

僕は**「やらないこと」**をはっきりとさせておきました。例えば、着物のサイズ直し、クリーニングやその業者の紹介、お客さんが作った人形などの委託販売です。スタッフは基本的に怒られたくありません。お客さんからクレームが入ったら、オーナーに怒られる。だから、お客さんの希望にすべて応えなければならないと考えます。でも、それは必要のないサービスにつながります。「これはやらない」と決めておくことで迷いが少なくなります。

ほかにも、スタッフには日報を書いてもらっていました。褒められてうれしかったこと、気になったこと。それにお客さんに質問されたこと、それに答えられなかったこと、次同じ質問をされたらどう答えるかを書いてもらっていました。そうすることで、スタッフは自分で考えて修正していきます。僕やお客さんにも評価してもらえるようになります。**自己成長を感じることも、仕事の楽しさ**です。

それから、**一度仕事を任せたのであれば、うるさく言わない。**僕はなるべく営業中にお店に顔を出さないようにしていました。「こうしたほうがいいのに」といろいろと気付いてしまって、気になって仕方なくなります。そうして小言を言われるほうもイヤだと思います。お客さんよりも僕に気を遣うようになってしまいます。

迷いがなくて、評価してもらえて、自分がやりたいようにやれる。それで集客できて、お客さんがよろこんで買ってくれる。それで十分楽しいはずです。やりがいはそこから生まれてくるんじゃないかと思います。

接客はコントロールしようとしない

売れるか売れないかに関わる大きな要素として、接客があります。

いろいろな考え方がありますが、接客だけは、決まった型をつくることができません。人によって接客スタイルはさまざまですし、お客さんにとってもどんな接客が好ましいかはそれぞれです。高級なお店にいまいちな店員さんがいることもあれば、安い店で最高の接客を受けることもあります。

そのギャップをならして、可も不可もない平均点の接客にしようとするものが、いわゆる接客マニュアルです。プラスに出るかマイナスに出るかわからない要素であれば、ゼロにしておいたほうがリスクが少ないという考え方です。

例えば大手のチェーン店。どのような言葉を掛けるかなど、ある程度マニュアルで決まっています。それでも、すべてのお店が同じ接客ということはありません。

接客は人と人との相性が前提にあります。これはコントロールしようがありません。

コントロールできない要素はなるべく排除しようとお話ししましたが、これぱっかりはどうにもなりません。

ということで、**接客については考えるのをやめましょう。**というか、あまり深く考える必要がありません。もちろん接客がどうでもいいということではなくて、それはそれで個人にがんばってもらえばいい。僕の場合、ここでもやらないことだけを決めていました。

例えば、「いらっしゃいませ」「ごゆっくりご覧ください」を言わない。

デパートや高級店であれば別ですが、街の小さなお店であれば、こうした言葉がお客さんを緊張させてしまいます。「いらっしゃる」ようなお店でもないし、ゆっくり見るような広さでもありません。「こんにちは」「ばらばらになっちゃっても大丈夫なんで、手に取って見てくださいね」のほうがお客さんはリラックスできると思います。「何をお探しですか?」もダメです。「何かあれば適当に声を掛けてくださいね」で十分です。

基本的に、誰だってお客さんに気持ちよく買い物してもらいたいと思って接客します。お客さんも、いいものがあれば買いたいと思っています。商売はエンターテインメント。それは無理してつくるものではありません。**マイナス要素を取り除いておきさえすれば、それだけでエンターテインメントになる**のだと思います。

新しい商売を始める

支店展開よりフランチャイズ

商売を手離れさせれば、自分は新しい商売を始めることができます。基本的なテストのやり方はどの商売でも同じです。イチからテストを繰り返さなければいけないので大変と感じるかもしれませんが、はっきり言って慣れです。一度商売をつくり上げる経験をしていることで、要点もわかっています。繰り返すほどに正解率も高くなる。時間的にも効率よくなっていきます。

それまでと同じ商売を別の場所で始めるというのでもいいですが、いわゆる**支店展**

開や多店舗展開は、僕は推奨していません。

なぜなら、店をほかの場所に展開するということは、**店舗、在庫、人など多くのコストがかかる**からです。損益分岐点がどんどん高まります。災害などの不測の事態が起きてしまえば、一瞬にしてピンチです。

それなら**フランチャイズ方式や代理店制度のほうがいい。**オーナーを募集して、商売の仕組みを提供します。

オーナーや代理店はネット広告や雑誌で募集できます。「フランチャイズショー」といって、加盟店を探す人とオーナーになりたい人が集まる展示会もあります。フランチャイズというと大規模なものをイメージしますが、大小いろいろあります。参考のために調べてみるのもいいと思います。

僕たちが全国に展開している放置自転車ビジネスパートナー制度も、フランチャイズの考え方で展開しています。

自社のリソースで全国展開をするには、支店をあちこちに出さなければいけません。それでは莫大なコストがかかってしまいます。そこで、地元の放置自転車問題は地元の人に解決してもらうという仕組みを考えました。副業としても取り組めるビジネスモデルにしたことで、長期的に安定して活躍してもらえるようになりました。

ウハウハの上限はなくなる

このように、一つの商売を手離れさせることができれば、新しい商売を展開していくことができます。

第4章で、とりあえず生活に必要な最低限のお金を稼げれば大丈夫だとお話ししたのは、このためです。**1000万円欲しいと望むのであれば、2000万円稼げるビジネスを五つ持てばいい**わけです。さらにできる限り手間をかけずに収益を上げられる仕組みであれば最高です。

こう考えていくと、**理論上は上限がなくなります**。もちろんそんなに簡単にはいきませんが、決して不可能ではありません。

この本でお話ししてきたことを実践していけば、リスクは最小限に抑えることができます。どこかでコントロールできない要素がはっきりして、修正のしようがないという結論が出たらすぐに引きます。この原則は新しい商売を展開するときも同じです。いまより悪くなることはありません。**「ダメならダメでいいや」くらいの感覚で大丈夫**です。

ただし、**間違ってはいけないのは、手離れできるようになる前に無理に拡大してしまうこと**です。「こっちで売れた。じゃあこっちも」と、商売をしっかりと構築する前の段階で展開すると、結果的にお金も時間もかかるし、問題も増えて思考も分散してしまいます。しっかりとした仕組みが出来上がっていないので、フランチャイズ展開も危ない。テストの方法を本当の意味で理解できていないので、新しい商売にも時間がかかります。まずはしっかりと商売をつくり込んでから考えましょう。

いつでも頭を働かせておく

商売は自分の思考でできている

ちょっと後ろ向きな話に聞こえるかもしれませんが、**どんな商売にも寿命があります**。会社で働いている人はなかなかイメージしづらいかもしれませんが、そもそも、商売とは永遠に続くものではありません。

僕がやっていた着物のお店では、平均月100万円くらいの売り上げでした。原価率5パーセントくらいだったので十分な稼ぎとも言えますが、上限があります。催事販売などをがんばっても最高で年商2000万円。店舗というハコを持つ商売の宿命です。

その収入のまま推移すればいいと考えることもできますが、市場の縮小は確実。これは変えられない事実です。お店をスタートする時点で恐らく10年くらいで撤退だろうなということは頭にありました。実際、約10年でお店は閉めました。

順調な時期から、終わりを考えておくことは大事です。多くの人が、水が枯れてから井戸を掘ろうとします。でも、変えられない事実を正しく理解しておけば、枯れる前に新しい井戸を掘るという選択ができるんです。

商売がうまくいっていても、いつまでも続くとは限らない。それに、いまの時代は新しいものがどんどん出てきます。そこにはライバルも隠れています。**対応が遅れれば、すぐにお客さんに飽きられてしまいます**。

世の中のビジネスの多くは、誰かが誰かのビジネスを参考にしたものです。**新しいものが出てきたら、すぐ真似されます**。だからまた新しいことをしなければいけない。そこで止まってしまうと、たとえトップにいたとしても、すぐに抜かれてしまいます。抜かれてしまうだけならまだ追っかけることができますが、土俵が変わってしまうことすらあります。

さらに、これまでは同業他社を気にしていればよかったのに、いまは別業種から殴り込んでくるライバルもいます。WEBシステムを武器に、新しいルールを業界にぶち込んで、市場を一気にひっくり返すということも少なくありません。

自分をアップデートする習慣

商売に現状維持はありません。経営者は、どんなときでも思考を巡らせて、変化に対応していかなければいけません。

一つの商売を長く続けていると、なんとなくマンネリ感が出てきてしまいます。特に注意しなければいけないのは、ビビりの商売はなんでも最小・最少でやろうとするので、いつの間にか思考も小さくなってしまうことです。さらに結果が出て満足してしまうと、どうしても思考停止に陥りやすい。

そうならないために、**常に学びが必要**です。新たな知識を集めて、行動して、知恵に変えていく。難しいことじゃないんです。レストランで新しい料理を作ってみた、お客さんに出してみた、反応がいまいちだったからやめた、また作ってみた、今度はおいしいと言われた、じゃあメニューに加える。これと同じです。

どんどん考えて、どんどん試していく。エンドレスです。これができないと、商売が日常になってしまいます。**毎日店を開けるだけで満足するようになる。**店の中でずっとポップの作り方だけを考えていて、確かに上手に作れるようになるかもしれません。でもその思考は業務に対する思考であって、商売の思考ではありません。そのお店の中だけでの進化はあっても、もっと広い枠で見たときに変化はないんです。

常に現状に疑問を持って、自分をアップデートしていくことが大切です。自分の思考が狭くなっていると感じたらすぐに動きましょう。何度も言いますが、商売は無限と無限をつなぎます。すごくダイナミックな可能性を持っています。それを自分で狭めてしまうのはもったいないんです。

本を読むのでもいいし、人の話を聞くのでもいい。関係ない業種には参考になることがたくさんあります。

ただそれをセミナーや勉強会のようなビジネス的な場で聞いても、あまり多くは得られません。そうした場では知識を得ることはできても、感覚的な部分を共有することは難しい。できれば**普通に話のできる状況をつくりましょう**。そこで有効な知識や情報を得ようというのではなく、思考のダイナミックさを感じられるだけでOKです。**自分の思考の枠を広げる感覚をもらえるだけでいい**。あとは自分で考えていくんです。

世の中には、思考だけが大きくて、行動に出ない人もいます。いわゆる大風呂敷を広げるだけの人。普段は関わりたくない相手ですが、新しい発想を自分の中から引き出すためには、参考になることもあります。感化されないように気を付けて、楽しく話してみましょう。

リフレッシュも大事です。根を詰め過ぎると頭が固まって、新しい発想が出てきません。海外旅行みたいにお金がかかったり、何日も休まないといけなかったりすることじゃなくて、簡単なことで大丈夫です。

食事、お茶会、ジム、なんでもいいと思います。そこで体力を回復するというよりは、自分の気持ちを楽にしてあげる。疲れたときに、自分は疲れているんだなと認めてあげる。それだけでいいんです。自分をリフレッシュさせてあげれば、また新しい考えが出てきます。

お金をバーンと使うよろこび

いまが始めどき

ここまで読んでいただいて、少しは起業に対するハードルを下げて考えられるようになったでしょうか。

動くなら、早く動きましょう。時間は大切なリソースです。早く始めた分、トータルで得られる金額も増えていきます。いま始めて、年収が500万円上がるとする。10年経てば5000万円です。

そうすると、年配の人はもう遅いのではないかと感じるかもしれませんが、そんなことはありません。確かに若い人にはメリットがあります。ネットに強いし、仮に失敗してもやり直しが利きます。

でも**年を重ねた人にもメリットはあります**。対人コミュニケーションは一朝一夕《いっちょういっせき》に身に付くものではありません。人生経験を重ねることで出てくる信頼感もあります。過去に困難を乗り越えた経験が役に立つこともあれば、新しいことを学ぶ方法も知っています。

やりたいと思ったときがやるときです。いつか始めようでは始められません。よく聞くのは「子どもが小さくてお金がかかるから、いまは無理」。でも、お金がいちばんかかるのは、中学生、高校生、大学生になってからです。その段階で起業しようとして、もし失敗してしまえばやり直しは非常に困難です。

いま将来に不安を感じているということは、多分去年もそうだったはずです。だったら来年も同じです。どこかでチャレンジを始めなければいけません。一歩でも、半歩でもいいから動き出しましょう。いまの時代、何もしなければ後退しかありません。

各駅停車の電車に乗っていて、横を急行電車が追い抜いていく。窓からそれを見て、あっちの電車がいいなと思っているわけです。でも乗り換える勇気もなくて、各駅停車のまま成功へ向かおうとする。それではダメです。たどり着けないとは言い切れませんが、時間がかかります。

目的地に行くためには、どの駅でどの電車に乗り換えれば早く着くのかと調べます。それと同じです。**あなたの乗っている各駅停車の電車はいま、乗換駅のホームに停まっています。**ドアが閉まるのを見送ってしまえば、また次の乗換駅までゆっくりと進んで行かないといけません。いま、動かないといけないんです。

知っている人しか知らない感覚

僕たちの放置自転車ビジネスも、初めは小さくスタートしましたが、いまは業界トップの組織にまで成長できました。一緒に取り組むビジネスパートナーは、いろいろな思いで参加しています。

いくつか自分で商売をやってきたけれどうまくいかなくて、再起を図るために参加した人。サラリーマンに疲れて自分らしく働くことを望んで参加した人。会社員として働きながら、副業として10万円稼ぐことを目的として参加した人。

全員が全員、大きな成功を手にしているというわけではありませんが、自分が望む結果を手にする人が増えています。副業から始めて会社を辞めた人もいますし、会社員の年収を超えているのに、いまでも会社員として働きながら、副業で取り組んでいる人もいます。このビジネス一本で年収1000万円を稼ぎ出す人もいます。

いままで毎月決まった給料をもらっていたところから、商品を1個でも売って、お金が入ってくる。**自分の行動が直接お金に換わる感覚を、1日でも早くつかんでほしい**と思います。きっといままでにない気持ちを感じるはずです。

僕は廃業してから、副業も含めてたくさんの商売に携わってきました。**自分が考えて仕掛けた商品やサービスが売れるというのは、めっちゃうれしい**です。特に、売れ始める最初の段階は、何物にも代えがたいよろこびを感じます。

自分の行動が誰かの問題を解決して、明るい未来をつくっていきます。そのよろこびの積み重ねがお金という形になって、自分自身を満たしてくれます。まずは副業でもいいから、その感覚を味わってほしいと思います。

本当に自分も稼げるのかな？　と思う人がいるかもしれませんが、そんなことを考えていても時間のムダだということは、もうわかってもらえたと思います。

行動することでしか得られない結果があります。**知っている人しか知らない世界があります。**自分のやったことでお金を稼ぐ。それをバーンと使うことができる。控え目に言って、すごくいい気分です。**お金がすべてではない。でもお金があるからこそ手にできるものがあるん**です。すばらしい未来を手にしてほしいと思います。

あとがき

ポンコツではないあなたへ

「よく復活できたよね」

講演会などで話をすると、このような言葉を掛けていただくことがあります。「ですよねー」とお答えしていますが、少しだけ、申し訳なく思うこともあります。

本書でも、僕なりの商売の方法をお伝えしたわけですが、それはある意味で、結果論でもあります。僕が復活できた最大の理由は「お金がないから」。お金がないので、小さく小さく動いていくしかありませんでした。それが結果的に、僕なりの真実を導き出す方法として確立されていったのです。僕に何か特殊な能力や才能があったからではありません。

ただ、一つだけ確信していたことがあります。それは「正しいことを地道に積み重ねていけば、結果は裏切らない」ということ。多くの失敗から学んだ真実でした。

世の中には、ビジネスをショートカットするためのテクニックがあふれています。中には大きく注目を集めているものもあります。しかし、テクニックには必ず流行り廃《すた》りがあります。瞬間的には強力な武器として使うことができても、一気に広まってどんどん陳腐《ちんぷ》化していきます。だからこそ、僕たちのやり方に勝機があるということを理解してほしいのです。

小さく小さくテストを重ねるというのは、地味で面倒な方法だと感じる人もいるかもしれません。僕が本書でお伝えしたのは、商売の揺るがない根幹を築くための方法です。確かに見た目の派手さはありません。いまのところ、それほど注目も集めていません。しかし、このスキルを身に付けてしまえば、どんな状態からでもお金を生み出すことができる。このことは間違いなく言えます。

「ビビり」は最強にポジティブな心理だと思います。ビビりだからこそ、ほかの人よりも物事を深く考察できる。思い付いたことをテストで確かめることができる。その結果に一喜一憂せずに、新たな事実を重ねることができる。これで失敗するほうが難しいのです。

本書の序章に書かれた僕のポンコツ話は、完全に実話です。誇張もしていません。できれば隠しておきたい話で、編集の久保木さんから「中村さんのポンコツ話を入れましょう」と提案されたときには、少なからず抵抗がありました。

それでも書いたのは、僕みたいな人間でも、結果を出して、時間とお金に縛られないライフスタイルを手にできたという事実を知ってほしかったからです。僕は、廃業や借金という、本来であれば必要のない経験を重ねてしまいました。いま思い返せば笑い話にできますが、当時は本当にドン底だと感じていました。みなさんには、そんな思いをしてほしくない。そういう思いで、こうして本を書いたり、講演をしたりしています。

さて、本書の執筆に当たり、総合法令出版の久保木勇耶さんにお世話になりました。僕の思考の奥をズンズンと攻めてもらい、お陰で僕にとっても新しい発見がたくさんありました。貴重な経験に感謝です。

また、本書のオビに推薦のお言葉をいただいた、一橋大学大学院教授の楠木建先生に、この場を借りてお礼申し上げます。２冊連続の不躾なお願いにお応えいただき、誠にありがとうございます。

そして読者のみなさん。最後までお読みいただきありがとうございます。きっとみなさんは、僕ほどポンコツではないと思います。だから安心して、望む未来に向けて走り出してください。あなたの未来は、あなたが好きなように描いていいのです。

そのために、本書が少しでもお力添えになれば嬉しい限りです。巻末には、ささやかですがプレゼントを用意しました。併せて活用いただければ、さらに効果が増すはずです。

さあ、次はあなたの番です。

２０２０年４月

中村裕昭

【著者紹介】

中村裕昭（なかむら・ひろあき）

ゲートプラス株式会社代表取締役。日本唯一のスモールビジネスクリエイター。

1975年、福島県いわき市生まれ。地元の工業高校を卒業してから、和食料理人を経て26歳でアクセサリーショップを開業。

しかし、売り上げ不振により1年で店をたたむ。どん底から再起を図るため、独自の戦略とビジネス構築術を編み出す。着物リサイクル事業を立ち上げ、わずか3カ月で地域一番店の地位を確立。現在は放置自転車問題解決、ネットメディア運営、ビジネス支援、講演・研修などの事業を中心に、複数のプロジェクトに携わる。現役の起業家ながら、時間とお金に縛られないライフスタイルを確立。

著書に『何があっても一家4人を食わせていくだけのお金を稼ぎたいならスモールビジネスをやるしかない』『9ヶ月死ぬ気で頑張ってあとの人生好きなことして生きるならスモールビジネスだ！』『あと3ヵ月でどうにかお金を稼ぎたいと思ったらスモールビジネス戦略だ！』（以上、こう書房）、『常識を捨てたときケタ違いのお金が入ってくる1億稼ぐスモールビジネスの新ルール』（ぱる出版）、『小さな会社で大きく稼ぐ！ 最強のビジネスモデル』（つた書房）がある。

●ゲートプラスホームページ
https://bizsupport.jp

『ビビりの起業法』
読者限定４大プレゼント

無料

本書をお買い上げいただきありがとうございます。
さらに結果が加速する無料４大特典をご用意しました。
ぜひご活用ください。

特典1
毎月5万円以上収入を増やしたい方へ「副業でも始められるお金の稼ぎ方」音声

どんな状態からでもお金を生み出せる、
副業や起業のネタの探し方と具体的手法をお伝えします。

特典2
スペースの都合上、書籍に掲載できなかった「ビビりの起業法 禁断のパクり編」動画

リスクなく他社の強みを自分の商売に応用して稼ぐ！
実際にやっている偵察の仕方やパクりの方法を全公開します。

特典3
放置自転車ビジネス丸わかり動画資料 ＋ 放置自転車ビジネスセミナー優待（期間限定）

放置自転車ビジネスの全容を知ることができる動画！
最小のリスクで最大の結果を導き出す秘訣がわかります。

特典4
正解のない時代の、肩ひじ張らずに未来をつくる「セルフリーダーシップ 自己ワーク編」MP3

自然体で未来を切り開くための意思決定力を磨く、
自己ワークの方法をお伝えします。

4大特典は下記の URL または右の QR コードより無料でダウンロードいただけます。

https://bizsupport.jp/bibiri

特典は予告なく終了とさせていただく場合がございます。

ビビりの起業法

2020年5月18日　初版発行

著　者　中村裕昭
発行者　野村直克
発行所　総合法令出版株式会社
〒103-0001 東京都中央区日本橋小伝馬町15-18
ユニゾ小伝馬町ビル9階
電話　03-5623-5121

印刷・製本　中央精版印刷株式会社

落丁・乱丁本はお取替えいたします。

ISBN 978-4-86280-742-7

総合法令出版ホームページ　http://www.horei.com/